工作不會 主動上門
求職需要 高調一點

社會是超市，企業是顧客，想要成為百裡挑一的那個他，
你必須先學會推銷自己

編著 ——
戴譯凡，林凌

培養「自產自銷」的能力，
學會「正向」獨立思考

唯有你相信自己才情出眾，
別人才有選擇你的理由

想找工作卻屢屢碰壁？停下來捫心自問：你真的了解自己嗎？
你的專長就是你的「賣點」，你要成為人生的銷售專家，
為自己貼上一張合格的優等標籤，向世界展現你的能力吧！

目錄

第 11 章　競選演說──成功自薦者的利器

前言

　　現代商品社會的一個明顯特徵就是商品供過於求，由此帶來的後果是：每一家企業都必須將企業行銷的重點從生產轉向銷售，努力地傳播自己的品牌、推銷自己產品，否則很快就會被顧客遺忘與拋棄。

　　與商品供過於求這一特徵相符的是：當今職場也出現了普遍性的供過於求的現象。批量「生產」的大學生再也找不到半點「天之驕子」的感覺，碩士、博士的薪資也一年不如一年，甚至 MBA 學子也備受企業的冷落。其中，有些人勇敢地面對挑戰，從「生產自己」轉向「銷售自己」。他們走了出去，面帶微笑，勇敢而又真誠地告訴別人——自己是誰？能為別人帶來什麼？為什麼自己能夠做到？自己想從中得到什麼……他們最終在得到了施展自己拳腳的舞臺的同時，也為自己贏得了豐厚的回報。他們成功的理由很簡單：很多人不願開口，更多的人不知道如何開口，因此失敗了；而他們開了口，也知道如何開口，於是他們就成功了。

　　其實，這種以主動的姿態走向他人以實現自己抱負的行為，早在古代就有了。南朝時出身卑微的鮑照，曾投奔聲名顯赫的臨川王劉義慶，卻未受到重用。於是他想到向劉義慶獻詩以彰顯自己的才能，不料此舉被朋友極力勸阻，朋友說：「你現在地位很低下，最好還是別輕易觸犯劉義慶。」鮑照大聲地說：「歷史上有才華卻懷才不遇的落魄人士，實在是數不勝數，就像蘭草與艾草混合一處，不被人識；大丈夫豈能隱藏自己的聰明才智，終日碌碌無為，與燕雀之輩相廝守呢！」鮑照執意將自己的詩文呈獻劉義慶。劉義慶讀完鮑照的詩文後，對鮑照極為欣賞，先是賜給鮑照 20 匹布帛，不久又將他提拔為國侍郎。

　　無論古今，能夠像鮑照般勇敢地自薦的人實在不多，因為我們從小所受的教育，大都是做人要謙虛一點、含蓄一點、內斂一點，總奢望能夠重演「三顧茅廬」的故事而不希望溫習「毛遂自薦」的功課。大家覺得只有被伯樂「三顧茅廬」才有面子，但別忘了，現在的人才市場有一個「供過於求」的特徵，我們不主動走向市場，就將在職場失敗。

　　別太在乎自己的面子和架子，花點心思花點力氣將自己推銷出去，否則就不會有人在乎你是誰。想要證明自己，最好先主動地讓別人認識自己、記住自己、接受自己、欣賞自己。記住：即使是諸葛亮活在今天，他也得拚命地推銷自己。

編者

第1章

主動推銷自己

　　一個人不管有多大的本事，如果不為人知，不被人發現，就像尚未被開採的煤，深深地埋在地下，永遠也不會有出頭之日，不會得到人們的承認。在傳統的觀念裡，人們只注重知識的累積，卻不懂得自我表現；如今，在這個充滿競爭的時代，如果不善於表現自我，就會被無情的競爭淘汰，無法獲得成功。

　　每逢新生開學，對同學們不十分了解的老師不知道選誰當班級幹部。後來，一個老師說：「誰認為自己有能力當班級幹部，就主動來找我，我會給他發揮才能的機會。」

　　大部分新生都沒有主動跟老師說。這時，一個很不起眼的女孩毛遂自薦，當上了班長。剛開始，大家都有點不服，像她這樣一個「醜小鴨」式的女孩，能勝任嗎？

　　但事實並不像學生們想像的那樣，她在管理方面確實有技巧，幫助老師把班級管理得井井有條，得到老師和同學們的高度讚賞。試想，如果她不主動推銷自己，即使她再有能力，也不會有表現的機會。

　　千萬不要恐懼失敗，只要明白失敗是為了下一個目標獲得成功所做出的準備，那麼，現在的你不正是走在成功的路上嗎？

認清自我價值

　　一個剛踏入社會的年輕人在一家速食店打工，因為疏忽而犯了一個嚴重的錯誤，店經理指著他的頭罵：「大學生有什麼了不起？你以為你值多少錢？一個小時幾十塊錢，連吃個漢堡套餐都不夠！」那個年輕人呆在那裡，驚覺到自己的確不值幾個錢。

　　事實上，很多人在買東西時，都會斤斤計較，但在找工作時卻便宜售出，為什麼會有這麼奇怪的現象呢？那是因為大部分人都忽略了，在市場經濟制度下，任何東西都有價值，換言之，每一個人在這個社會裡，都是

某種形式的商品,都需要花時間去經營屬於自己的品牌,行銷自我,才能在這個社會中為自己爭取最好的價格,更何況,未來人才的競爭是全球性的,21 世紀最重要的商品投資就是人才。

一件商品有沒有競爭力、價值多少錢?除了它本身的品質,最重要的決定因素當然是顧客的感受。廣告中大量的顧客見證、明星見證,就是為了告訴受眾:他們用了都說好,你為什麼不試一試呢?畢竟只有使用的人認為它物有所值,甚至物超所值,那才是有競爭力的商品。

求職者不就是這樣嗎?學歷、能力和資歷當然是一種競爭力,可是老闆花錢僱人,都有自己的期望值。當你的表現和他的期望基本吻合,他會認為你物有所值,當你的表現超出了他的期望,他會認為你物超所值。真正的競爭力是不容易被取代的,展現在我們的表現和老闆的滿意度上,而不只是我們手上的幾張「品質證書」。

所以在打算銷售自己之前,我們最好先搞清楚老闆對自己的期望值。如果你是管理者,率領團隊達到目標似乎是理所當然的,你能做到這些,自然你是物有所值。要是你還能訓練員工、激勵員工、營造高效率的工作氛圍,那就身兼領隊、教練和隊長的角色了,自然就是物超所值。想一想,做老闆的通常會選擇哪一種人?

如果你只是職員,把事情做對,幫主管「救火」,那些只是分內的;懂得自我教育、始終保持成長、主動溝通、積極合作的人,才是物超所值、有競爭力的。難怪很多公司找人的標準已經從原來的看學歷、看技能、看資歷,到現在變成看態度、看價值觀、看綜合素養了。

在今天的商場,要想獲得高額回報並且甩開競爭者,就得提高產品和服務的附加價值,這條規則在職場上同樣有效。拿多少錢做多少事的年代早就過去了,競爭迫使我們不得不去思考自己的附加價值是什麼。

如果你總是把分內的事做得令人滿意,卻總是因為沒能獲得更多的空間而困惑。建議你想一想,除了應該做的事,你還能做什麼?對你的老闆來說,一個有著更高附加價值的員工意味著效率、價值和榜樣;而對你來

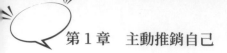

說，它意味著機會、成長和實力。用不著抱怨什麼，其實沒有什麼可以阻擋我們，只要我們的表現能夠超出老闆的期望，我們就有機會。

一旦我們擁有更高的附加價值，自身的價錢就會自然攀升。

賣別人想買的

商場如戰場，在對手如林的情況下如何將自己的產品賣個好價錢，是令所有生意人絞盡腦汁的事。市場行銷學中關於產品的銷售有一條眾所周知的鐵律，即：要想賣自己想賣的產品，很難；而要想賣顧客想買的產品，則容易多了。

其實職場何嘗不像一個商場，人人都如同商品架上陳列的商品，都希望能被賞識自己的人買下。而要將自己賣個好價錢，則一定要知道自己的「顧客」想要買的是什麼。

因此，老闆想買什麼？這一點我們必須非常清楚，因為他們就是我們的客戶。

不要認為自己有學歷、有能力、有經驗，別人應該會買。或許你的老闆認為這是最起碼的條件，他們可能更在乎你未來的潛力，而不是過去的表現；也可能不在乎你個人的實力，而是看你能不能融入團隊；甚至有可能希望你是一張白紙，而不是靠經驗來應對瞬息萬變的挑戰……反正，你有的和你老闆要的可能不完全是一回事。不要抱怨為什麼在職場走得那麼辛苦，沒有找對賣點，自然就賣不出去。

頂尖的推銷員總喜歡和他們的客戶做充分的互動，這既是對客戶的尊重也是絕對自信的表現，因為他們相信自己能夠滿足客戶的任何需要。你正是要這樣去做，不要害怕和你的老闆溝通，經常問他一些只有頂尖的推銷員才問得出口的問題，比如：「對我的工作您還有什麼建議和要求嗎？我真的很想知道！」「您能告訴我還有什麼環節需要改進嗎？我會努力去

做！」「只要對我的表現不滿意就告訴我好嗎？請相信我能做好……」

我敢保證，沒有一個老闆會不喜歡如此主動的員工，但更重要的是你可以了解你的老闆究竟要什麼。這是一條捷徑，一條讓能力迅速提升並使我們脫穎而出的捷徑。

只要看看那些頂尖的推銷員就會明白，他們可能並不是學歷最高的、能力最強的、經驗最豐富的，但他們一定都了解客戶要什麼並能設法滿足。要知道，沒人會關心你是誰、你有什麼，除非你能夠幫助他們解決問題——這就是職場。

發現自己的賣點

要想把自己賣個好價錢，必須要了解自己，發現自己的最佳賣點。有句老掉牙的話說：「天生我才必有用。」這句話其實包含兩層意思。首先，就是上帝很公平地給世界上每一個人一項天賦特質，所以有些人天生不需要專門練習，或許就可以跑得很快、唱歌很好聽、記憶力很強、反應特別靈敏，這其實就是他們自己最好的賣點。

這也是為什麼許多大型外商公司在招募新人時，不僅重視新人曾經學過的專業，還要求新人做「性向測驗」，為的就是了解新人的個人特質，以便安排最適合他的工作。不過，卻有很多人遺忘了這項上帝給自己的最好禮物，而總是在做一些與自己特質天賦不合的事情。

人作為一種被廣為使用的商品，正在由各類學校和公司批量生產出來。這使得這種商品之間的競爭更加激烈，能夠勝出的人都有自己的 USP，行銷學上稱之為「獨特的銷售賣點」。學歷不是 USP，你有別人也能有；技能不是 USP，外語、電腦人人都在學；經驗也不是 USP，因為變化實在太快了。商品是靠 USP 來爭奪眼光、擴張市場的，人也一樣，那些缺賣點的人只能坐板凳、當候補了。

　　沒有人會懷疑寶鹼公司（Procter & Gamble, P&G）的成功是由準確的 USP 帶來的。以洗衣粉為例，「P&G」曾相繼推出了「汰漬（Tide）」、「快樂（Cheer）」、「伊拉（Era）」、「波爾德（Bold）」、「象牙雪（Lvory Snow）」、「德萊夫特（Dreft）」等 9 個品牌，每個品牌都有它的 USP。「汰漬」是「去汙徹底」，「快樂」是「洗滌並保護顏色」，「波爾德」是「使衣物更柔軟」，「德萊夫特」是「適於洗滌嬰兒衣物」，「象牙雪」是「快速去汙」，「伊拉」則是「去除油漆等頑漬」……

　　我們得像品牌大師一樣也為自己找一個獨特的賣點。學歷、技能、經驗……雖然聽起來都不錯，但顯然不夠獨特。老闆們會認為這是每個求職者必備的敲門磚，沒什麼大不了。再說，職場中的絕大多數人都把這「老三樣」當作賣點在賣，你又何必攪這淌渾水呢？

　　其實，在職場可以成為 USP 的東西有很多。只是大多數人不知道這些也可以賣，而且還能賣高價，比如：學習能力、創新能力、組織領導、人際合作、溝通表達、效率管理……一個人總得有幾手絕活，在學歷、技能、經驗都不相上下的時候，這些賣點就成了勝出的理由。

　　「天生我才必有用」這句話的第二層意思，那就是發現自己的天賦、特質，最好就根據這項特質去發展自己的優勢，做自己擅長的事。如果用現代企業的術語來說，就是發現自己的核心價值，專注於本業。

　　想要發現自己的賣點在哪裡，應該問自己兩個問題。第一個問題是，老天爺給我的天賦特質到底是什麼？從小到大有沒有什麼事情，是我不需要經過太多努力就比別人做得好的？第二個問題則是，我有沒有按照自己的特質天賦，發展自己的專長？現在的工作，是不是就是我最擅長的？

　　現在開始，花點時間，好好找找自己的賣點。如果你有，那就應該大聲喊叫，並且不放過任何一次可以表現自己的機會。如果你沒有，那就建議你趕快拿出讀文憑、考證書的熱情，幫自己獲得新的競爭優勢。

　　雖然很多人都認為在職場推銷自己比以往更困難了，但我卻相信其中原因是因為他們沒有找對自己的賣點，根本不懂怎麼去賣。競爭激烈的確

是個事實，但很多公司因為找不到合適的人選而不得不讓職位閒置的事實，也在提醒今天的求職者：不是你沒有機會，而是你必須告訴老闆，你賣的究竟是什麼？

包裝好自己

國內某品牌香水在進入南美市場之初，銷售業績一直不盡人意。後來，市場行銷人員對南美香水市場做了一次全面的調查後，提出了突破現狀的對策：一，提高包裝的等級；二，提高香水的售價。新的市場對策付諸行動後，這個品牌的香水在南美市場的市場占有率節節攀升，獲得了良好的市場效益。

為什麼同一個產品，換上一種高級的包裝，就能以更高的價錢在市場暢銷呢？這個問題不僅值得各個企業的行銷人員深思，也值得諸位職場人士深思。

再說一個我本人應徵失敗的真實例子。幾年前，一本新的刊物成立發行站，急需招聘發行經理一名，待遇頗為優厚。我因為有 3 年刊物發行的經驗，在當地的發行網路中有良好的關係，因此有自信能做好這個工作。於是，在與公司電話溝通後，我便於第二日前往面試。來面試的人有四五個，我排在第四位。其他都西裝革履，唯獨我穿著一身牛仔服。頭髮、鬍鬚我也沒有打理，一副嬉皮（hippie）的風格。那次應徵面試的時間，別人花了半小時以上，唯獨我不到 5 分鐘。在我坐在面試主考官對面時，我就明顯感覺出他冷淡的態度。他隨口問了我幾個問題，便有結束面試的意思。儘管我採取了主動介紹自己的方式，試圖吸引他的注意力，但他似乎對我沒有多大的興趣。最後，我在尷尬中離開了。

如果把面試當成一場決鬥，我在那次決鬥中剛上場就被裁判判我輸了，我甚至沒有機會使出自己的功夫證明自己。事後，我總結分析了我失敗的原因：忽略了對個人形象的包裝。

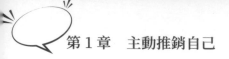

　　至於如何包裝好自己，我們將在本書的第 7 章進行詳細講述，在此不再深談。

努力地推銷自己

　　你有沒有發現，現在電視廣告時間越拉越長，廣告越做越精緻，廣告投入越來越嚇人。商家不惜血本來爭奪人們的目光，目的很明確：使你認識它，記住它，購買它。

　　職場好比商場，企業是顧客，你就是產品。在這個商場裡，各種類型、各種層面、各種價位的產品應有盡有。現在的顧客也越來越挑剔，常常挑到手酸眼花，還一個勁地抱怨：「東西雖然不少，但合適的好像並不多。」

　　有些東西成了搶手貨，供不應求的事實自然也讓商品的價位水漲船高。有些則乏人問津，並且因為滯銷，不得不靠低價來吸引顧客。

　　什麼「酒香不怕巷子深」，什麼「是金子總會發光的」，盡快忘掉這些莫名其妙的老話吧！這些用來安慰失意者的止痛劑，現在居然被很多職場人士當作了滋補品。他們在阿 Q 精神的撫慰下，完全忘記了自己身處戰場。

　　那些獲得成功的職業人士，從來就不會停止對自己的宣傳，他們的目的很明確：被認識、被記住、被購買。他們的信仰是「酒香還靠吆喝著賣」，「是金子就趕快去發光」。很難說他們的才能一定比你更強，但會叫賣的一定比不會叫賣的更容易賣掉。演員、歌手、律師、經理……又有誰能夠例外？

　　除了不願意叫賣，更多人是因為不懂怎麼去推銷自己。因為大多數臺灣人從小就知道做人最好謙虛、含蓄一點，推銷自己是被大家不屑的。雖然人人都知道「毛遂自薦」的典故，但人們好像並不欣賞他。大家更喜歡像諸葛亮那樣被「三顧茅廬」，覺得那樣才有面子。

　　可是細心的職業人士會發現，今天他們要面對的挑戰，已經開始從「生產自己」向「銷售自己」轉移。我們需要走出去、帶點微笑、張開嘴巴、勇敢而真誠地告訴別人我們是誰？能為他們帶來什麼？我們想得到什麼？事情就這麼簡單：很多人不願開口，你開了口，你就成功了。其實，聰明的諸葛亮若活在今天的話，他也一定會主動地找上劉備的門，而不會被動地等待所謂的「三顧茅廬」。

　　別太在乎自己的面子和派頭，否則就不會有人在乎我們是誰。想要證明自己，最好先讓別人認識你、記住你，有誰會去購買他們不知道的商品呢？努力地推銷你自己！這甚至比提升你的才能還要重要。

　　一張大報的頭版非常醒目地刊出了年薪 50 萬的「自我拍賣」文章——這是一位頗有才能的人的求職廣告。為此，很多媒體紛紛報導、評論，大眾為之譁然。「皇帝女兒不愁嫁」的時代已成了歷史，如今是資訊化時代，一個人想獲得成功，不但要真才實學，還要善於推銷、包裝、經營自我。

　　「花開堪折盡須折，莫待無花空折枝」。有才能，就要盡情發揮。每個人都有潛能，都有自己的一技之長，但剛剛進入一個新的工作環境，沒有人了解你的才能，上司看你就像一張白紙，工作做得好壞就看你的發揮了。

　　因此，要想懷才而遇，就必須才華外露。不露，就沒人知道你有這種才能；不了解你，上司就沒辦法重用、提拔你。如果你把本事隱藏起來，時日一久，上司就會認為你是無能之輩，不再理你了。

　　我們還要適時地為自己做些廣告。只要看看當今媒體鋪天蓋地的廣告就會明白，「酒香不怕巷子深」的年代，其去也遠矣！當今是個人才輩出的時代。曾有位作家戲謔地說，現在大學生比驢子還多。你不表現，還有那麼多人前仆後繼，久而久之，你就被淹沒於無形了！

　　著名管理顧問克利爾·傑美森對如何獲得晉升提出了自己的看法，他說：「許多人以為只要自己努力工作，頂頭上司就一定會拉自己一把，給自己出頭的機會。這些人自以為真才實學就是一切，所以對提高知名度很不用心，但如果他們真的想有所作為，我建議他們還是應該學學如何吸引眾人

的目光。」他的話指出了晉升的過程中一個至關重要的問題，那就是如何向上司、同事推薦自己，形成影響力，一般來說，要成功地推薦自己應注意以下幾點。

第一，自己應有一定的實力，在推銷自己時，人家不會覺得你在誇誇其談。

第二，推銷自己一定要選好時機，好鋼要用在刀刃上，這樣才更能引起別人的注目。

巧妙地推薦自己，這也是博得上司信任，化被動為主動，變消極等待為積極爭取，加快自我實現的不可忽視的方法。常言道：「勇猛的老鷹，通常都把牠們尖刻的爪牙露在外面」。這不是啟發人們去積極地表現自我嗎？精明的生意人，想推銷自己的商品，總得先吸引顧客的注意，讓他們知道商品的價值，這便是傑出的推銷術。人，何嘗不是如此？《成功的推銷自我》的作者 E‧霍伊拉說：「如果你具有優異的才能，而沒有把它表現在外，這就如同把貨物藏於倉庫的商人，顧客不知道你的貨色，如何叫他掏腰包？各公司的董事長並沒有像 X 光一樣透視你大腦的組織，積極的方法是自我推銷，如此才能吸引他們的注意，因而判斷你的能力。」

當然，由於傳統觀念的根深蒂固，臺灣人和日本人一樣，都有一種極其矛盾的心態和難以名狀的自我否定、自我折磨的苦楚，在自尊心與自卑感衝撞之下，一方面具有強烈的表現欲，一方面又認為過分的出風頭是輕浮的行為。但現在時代不同了，想做大事業，少一點拘謹、內向算得了什麼？更新觀念，大膽地推銷自己吧！

成功推銷自己的方法

推銷自己是一門藝術。人們大都喜歡表現自己，會推銷自己的人會讓人覺得此人有能力，有才華，確實比較「值錢」。但如果表現得不好，就容易給人一種不切實際、輕浮淺薄的印象。

那麼，我們該如何成功地推銷自己，而不會讓人覺得我們是誇誇其談之輩呢？下面介紹自我推銷的 12 個方法。

1 · 推銷自己是會表現而不是愛表現

推銷自己是會表現而不是愛表現，也就是說，你有多少本事，你就得拿出行動來，否則只會讓別人覺得你是誇誇其談。也許有人會說：「行動？我多年埋頭苦幹，兢兢業業，卻默默無聞。」「現在是做的人不香，說的人飄香。」如果你嘗到這種苦頭的話，那麼，證明你缺乏做的藝術和說的藝術。請自問一下：別人不願做的事我是否做了？關鍵時刻我是否表現得出色？我是不是錯過了表現自己的極好機會？另外，我所做的事情，是否上司都了解？靠別人發現，總歸是被動的；靠自己積極地表現，才是主動的。

成功者善於積極地表現自己。在日常生活的每時每刻、每項活動中，他都展現著自己的才能、德行以及各種各樣的處理問題的方式。這樣不僅能表現自己也能吸收別人的經驗，同時獲得謙虛的美譽。學會表現自己吧！——在適當的場合、適當的時候、以適當的方式向上司與同事表現我們的業績，這是很有必要的。

2 · 推薦自己要有靈活的指點方向

人有百號，各有所好。對人才的需求也是這樣。假如你已經針對對方的需要和感受卻仍然說服不了對方，沒能被對方所接受，你應該重新考慮自己的選擇。倘若期望值過高，目光盯著熱門單位，就應適時將期望值降低一點，眼光放寬一點，還可以到與自己專業技術相關或相通的行業去自薦。美國諮詢專家歐尼爾說：「如果你有修理飛機引擎的技術，你可以把它變成修理小汽車或大卡車的技術。」

3 · 最大限度地表現自我的美德

人是複雜的、多面的，既有長處，也有短處，既有優點也有缺點。如

何揚長避短，最大限度地表現自己的美德，這是成功者必備的素養。聰明人能夠使自己的美德像金子一樣閃閃發亮，具有永恆的魅力。你是否最大限度地表現了自己的才能和美德呢？這可是成功者一大祕訣，它有利於豐富我們的形象，有利於事業的成功。如何最大限度地表現自己的美德呢？請勿忘「盡善盡美」四字。瑪律騰認為：「事情無大小，每做一事，總要竭盡全力求其完美，這是成功人的一種標記。」

　　每個人都想得到一個較高的位置，找到一個較大的機會，使自己有「用武之地」。但是，人們卻往往容易輕視自己簡單的工作，看不起自己平凡的位置與渺小的日常事務。而成功者即使在平凡的位置上，工作都能做得十分出色，自然也就能更多地吸引上司的注意。成功者每做一事，都不滿於「可以」、「差不多」，而是力求盡善盡美，問心無愧。他們不但要做得「更好」，而且在自己能力範圍內做到了「最好」。他們的任何工作都經得起檢查的。他們的美德就是在這一件件小事中閃閃發亮的。

　　最大限度地表現自己的美德，還有一個度的問題。表現自己而又恰如其分，這既是一種能力也是一門藝術，它往往展現了一個人的修養。

4・推薦自己要注意控制情緒

　　人的情緒有振奮、平靜和低潮等三種表現。在推薦自己的過程中，善於控制自己的情緒，是一個人自我形象的重要表現方面。情緒的控制，可以造就他人對我們的印象和認識。情緒無常，很容易給人留下不好的印象。為了控制自己開始亢奮的情緒，美國心理學家尤利期提出了三條有趣的忠告：「低聲、慢語、挺胸」。

5・表現你的才智・

　　一個人的才智是多方面的。假如你是想表現你的口語表達能力，建議你在談話中注意語言的邏輯性、流暢性和風趣性；如果你要想表現你的專業能力，當上司問到你的專業學習情況時就要說明詳細一點，你也可以主動

介紹，或者問一些與你的科系相符的新工作單位的情況；如果你想要讓上司知道你是一個多才多藝的人，那麼當上司問到你的喜好興趣時就要趁機發揮或自動介紹，以引出話題，如果上司本身就是一個喜好廣泛的人，那麼你可以主動請求拜「師」求藝。

至於表現自己的忠誠與服從，除了在交談上應力求熱情、親切、不自傲之外，最常用的方式是採取附和的策略，但你盡量講出你之所以附和的原因。上司最喜歡的是你能為他的意見和觀點找出新的論據，這樣既可以表現你的才智，又能為上司去教育別人增加說理的新材料。

如果你實在很想表示與上司不同的意見，不妨採用迂迴的辦法。處理人際關係的時候，先贊同對方，然後再提出自己的建議，這種辦法可以達到既讓上司感到舒服又表現出自己才華的效果，可謂一舉兩得。

6・推薦自己應以對方為導向

在推薦自己的時候，注重的應該是對方的需要和感受，並根據他們的需要和感受說服對方，使對方接受。在這方面，不乏成功的幸運者。

臺北某大學新聞系的女生小周，讀書成績好，業務能力強。聽說一家全國性報社要徵人，她先花一天時間鑽圖書館研究這家報社，然後拿著自己的履歷和作品闖進報社總編輯辦公室。總編看後問她：「為什麼來我們報社？」「你覺得我們報紙有哪些特點？哪些不足？」幾番對答，總編不斷點頭，告知一週後聽「研究結果」。一週之後，小周如願以償地進了報社。小周的成功，關鍵在於能注意對方的需要而被接受。

7・另闢蹊徑，與眾不同

這是一種顯示創造力的、超人一等的自我推銷方式。

款式新穎、造型獨特的物體常常是市場上的暢銷貨，見解與眾不同、構思新奇的著作往往供不應求。獨特、新穎便是價值。物如此，人亦然。別人不修邊幅，你則不妨稍加改變和修飾；別人好信口開河，你最好學會沉

默，保持神秘感，時間越長，你的魅力越大；別人總是揚長避短，你可試著公開自己的某些弱點，以博得人們的理解與諒解；別人自命清高、孤陋寡聞，你應該盡心地建立一個可以信賴的關係網；別人虛偽做作，你要光明磊落、坦然待人；他人只求可以，你則應全力以赴，創第一流業績；別人對上司阿諛逢迎，你卻是以信取勝。倘若你願意試試以上方法來表現自己，就一定可以收到超乎尋常的效果。

8・推銷自己是自然的流露而不是做作的表現

會表現的人都是自然地流露自我而不是做作地表現自我。成功者從不誇耀自己的功績，而是讓其自然地流露。在你向上司彙報工作時，不妨說：「我做了某事……但不知做得怎麼樣，還望您多多指點，您的經驗豐富。」這樣，你好像是在聽取上司的指點，而實際你已經表現了自己，又充分展現了謙虛的美德。如果你以邀功的口氣直接向上司說：我做了某事，這事很不簡單，做起來真不容易，具有……的價值。這樣，你在上司心目中就已經損害了自己的形象，也降低了你在上司心目中的價值。

9・切勿自欺欺人

「實事求是地推銷自己」是成功者的準則之一。沒有內涵地胡亂吹噓可謂是自我推銷的一大禁忌。「掛羊頭賣狗肉」者可以騙取一些不義之財，但是，顧客的醒悟之際也便是他們聲名狼藉之時。上一次當，這是常有的事，再度上當的人，畢竟是少數。把顧客當傻瓜的人才是真正的傻瓜。在人生的競技場上，這種自欺欺人的做法只會使自己身敗名裂。

10・推薦自己要靈活運用宣傳方法

推薦自己時，應以簡短的自傳形式扼要概括自己的履歷、才能、發明創造、貢獻目標、理想、愛好等，分寄給有可能對自己感興趣的單位和部門；也可以透過熟人、親友等的介紹，還可以透過登廣告的形式，向對方推

薦自己。

11·表現自己的忠誠

　　人人都希望自己的才智能夠得到社會的賞識，尤其是上司的賞識，因此在初次會見新上司時就應盡量表現自己的才智。如果上司認為你是一個不中用、無能力的人，那麼他就不可能重視你，你在這個單位或部門也就不會有更大的發展空間。但是許多求職者卻忽視了上司擇人的另一標準，即忠誠與服從，而且有時這還是比才智更高的標準。一般的上司都喜歡既有能力又忠誠服從的下屬，最不喜歡的是有能力而不聽使喚的下屬，因為這種下屬對他本身是一種威脅，對部門的工作協調也不利。

　　孔子的弟子子路曾問孔子：「為什麼累德、積義、有才、有識的人反而不被重用？」孔子回答是：「遇不遇者，時也。」實質上這裡談到的卻是上司擇人的問題。智者比干被紂王剖心，功臣韓信被劉邦所誅，丞相文種被勾踐賜死，中國歷史上這樣的故事數不勝數，共同的特徵就是君主們或認為臣子功高震主，或認為臣子不忠誠服從，於是統統誅之。在今天，雖然上司沒有誅殺下屬生命的權利，但總是可以左右他的前程的，所以表現出自己的真誠、服從在工作中是必要的。

12·推薦自己應知難而退

　　推薦自己有時不一定會成功。我們去面談求職，談到一定時候，如果發現時機不對或者對方無興趣，就要「三十六計，走為上策」。這時候，表現要冷靜，不卑不亢地表明態度或者自己找個藉口，給人留下明理的印象。推薦不成功，可能錯在自己，比如資格不夠、業務不對口、過分挑剔等；也可能是對方不識才、性別歧視、要求過高等等，這時你不妨另尋門路。

投其所好則攻無不克

酈食其是秦末高陽人，好讀書，家中貧苦，但胸中蘊含天下的韜略。陳勝、項梁等起義之後，經過高陽的起義軍有幾十支，酈食其觀察這些起義軍的領袖都是齷齪之輩，喜歡繁瑣的禮節，不能聽從宏大的謀略，因此隱居不出。後來聽說沛公劉邦的起義軍到了附近的陳留郡，並且劉邦每到一處都探訪當地的英雄豪傑。酈食其還了解到劉邦為人豁達大度，不拘小節，比較隨便，有宏大志向，於是決心求見劉邦。

酈食其一位同鄉在劉邦身邊做騎士，正好回家，酈食其便請他向劉邦轉達自己的意思。酈食其知道劉邦不喜歡儒生，客人中有人戴儒冠，劉邦便拿來做便壺，在裡頭撒尿；劉邦的性情比較粗野，開口就罵人。所以酈食其對這位騎士說：「你見到沛公，就說我們鄉里有一個叫酈生的人，年紀 60 多歲，身長 8 尺，人都叫他『狂生』。這樣沛公一定會接見我。」

劉邦年輕時狂放不羈，是個酒徒，常在酒店裡賒帳喝酒，喝醉了就躺在酒店的地上。酈食其深知自稱「狂生」，就會吸引劉邦的注意力，有利於自薦成功。

果然，這位騎士如酈食其所說轉告了劉邦，劉邦立即召見了他。兩人一見如故，酈食其便為他獻出攻占陳留郡的策略，為自己的建功立業找到了一個理想的平臺。

身為現代人，要如何才能吸引「達官貴人」的注意力呢？以下是幾則小技巧，希望對讀者有所啟發。

1 · 從別人的經歷中尋找受人注意的捷徑

鮑伯是紐約著名雜誌《婦女家庭》的主編，他接手該雜誌短短數年，便使瀕於破產的老闆起死回生，雜誌的銷量直線上升，廣告客戶蜂湧而至，自己也賺了不少錢，而且深得老闆器重，令同行們嫉妒。

其實，鮑伯成功的祕訣很簡單，那就是他善於引起別人的注意。在

13、14 歲的時候，鮑伯便開始和當時社會上的風雲人物通信，積年累月，獲得不少名流的注意。

當時的鮑伯只是西聯電報公司中毫不起眼的送報生。但是，就因為他喜歡與偉人通信，又是個孩子，便毫不費力地得到許多名人的友誼。如格蘭特將軍和他的夫人、伽菲爾將軍、休曼將軍、林肯夫人、學者海斯（Rutherford Birchard Hayes）等。後來，在他的這些朋友之中，海斯居然做了美國總統，他便寫了許多文章在鮑伯接手的雜誌上發表，於是該雜誌行情看漲，身價大增，銷路蒸蒸日上。

不難想像，世上有多少人朝思暮想得到偉人的青睞，然而年輕的鮑伯卻如此輕易地在千百萬人中間拔得頭籌，占盡優勢。這是什麼緣故呢？原來他寫給那些名流的信，都是很特別的。鮑伯曾讀過這些名人傳記，他在信中描寫的情意，都是從那些小傳中挖掘出來的。

據為鮑伯寫傳記的作者皮亞特記述：「鮑伯想證實一下那些他看過的小傳，於是他就以一個孩子的直爽天真，徑直寫信給伽菲爾將軍，問他的小傳中記載他小時候曾做過拽倒小童的惡作劇是不是真的，並且說明他寫信詢問此事的目的。於是，伽菲爾將軍很詳細客氣地寫了一封回信給他。他看了回信後高興極了，同時覺得這是一個大發現。得到名人的書信，不僅僅是得到他們的手跡，而且從那些信中他還可以獲得許多有用的知識。所以從此之後，他就開始不斷地寫信了，問那些名人為什麼要做這件事情或那件事情，或是詢問他的某一件事情發生的日期……結果，真有幾個名人寫信邀請鮑伯去看他們，與他建立了友誼；更多的是，每當有名人來到紐約，他必然要去拜訪那些曾經寫信給他的人，並親自向他們道謝。」

我們大概都希望能與名人做朋友，大概都希望有名人指導我們，然而，我們應該用什麼方法來使這些名人指導我們呢？我們可曾像鮑伯那樣，從別人的經歷中去尋找我們的武器呢？

可見，要打動別人，首先就是要贏得別人的注意。鮑伯就有這個本領，他從每一個名人特別有趣的經歷中去接近他們。

　　著名鋼鐵大王卡內基在一個很緊要的關頭也曾運用這個策略。有一次，一座很重要的鐵路橋梁工程眼看就要被別人搶走了，他絞盡腦汁，想讓橋梁的管理人員改變他們的決定。那時，他們對熟鐵比生鐵堅實這一重要特點並不太清楚。於是，卡內基開始活動了。據卡內基自己說，那時恰巧發生了一件很巧妙的事情。一個管理人員在黑暗中駕著汽車撞在一根生鐵鑄成的燈柱上，把燈柱撞斷了。

　　卡內基立刻抓住這件事。他說：「喂，各位都看見了吧？」待許多管理人員注意這件事後，他便詳細地告訴他們為什麼熟鐵比生鐵好。卡內基運用了鮑伯同樣的策略：「從那些管理人員自己的經驗中尋找出使他們注意的機會，以達到成功。」

　　當我們和一個人交談的時候，我們會看見他的眼睛在遊移著，我們感到他漸漸地不注意我們了，這就是我們忽略了這個策略的緣故——我們忘記了去關心他人的經驗。我們與別人的興趣越接近，我們就越能牽住他們的注意力。

2・最引人注目的是與自己有關的事情

　　我們平常所見的每一張報紙都是依據「我們與別人的興趣越接近，我們越能牢牢地抓住他們的注意力」這一策略發展出來的。《聯合日報》的總經理考伯曾說：「編輯們應牢記的第一點是：人人都對自己最感興趣。第二點亦由第一點衍生：人人都對自己所認識的人或所看見過的東西以及所經歷過的事情感興趣。」考伯還說：「在每天早晨的報紙封面和第二頁上，儘管有許多從歐洲來的重要新聞，可是你幾乎看也不看它們一眼，你最熱心的是：你的所得稅怎樣了？你所住的那條街發生了什麼事？你所認識的人發生了什麼事？全郡裡發生了什麼事？整個州發生了什麼事？國家大事怎樣了？」

　　《合眾日報》總經理畢考爾也曾說：「每一個人都以為世上最有趣的人就是自己，如果你沒機會在報紙上看到關於自己的報導，那麼看看關於你認識的或聞名的人的消息也是好的。」墨索里尼在報紙上遠不及一個電影明星

更能吸引我們的注意力，因為墨索里尼固然重要，然而大多數人卻更熟悉明星的一切。印刷品中若是印著自己的名字，無論它們印得再怎麼小，都會躍然映入我們的眼簾，也就是這個緣故。

同樣道理，當我們在銀幕上或小說中看到英雄好漢的冒險行為，我們有時竟不知不覺地將那些英雄好漢變成我們自己。當他放槍的時候，我們也會不由自主地在扣扳機了；當他奔跑的時候，我們也不禁兩腿做著騎馬的姿勢了。總之，人人都喜歡那些他們自己曾經遇到過的事情，或喜劇或悲劇，自己常常感覺成為了其中的英雄或犧牲者。

新聞記者常常引導讀者自然而然地將自己假設為主角的故事，我們常常稱之為「大眾題材」，其實，我們真正感覺到有興趣的對象就是我們自己。

在愛迪生的實驗室中，愛迪生常常用巧妙的方法來觀察他手下的年輕職員究竟對哪一種工作最感興趣。他以一個完全不同的方法來做這一調查，為此，他在實驗室中特別設置一個事務上的組織，使那些年輕職員時常顯露出各人的興趣和注意點。

據他兒子說：「我們這裡通常有幾個年輕職員，他們的唯一工作便是巡查各家店鋪，他們必須每天寫一個報告，說明他們的一切建議和批評，許多有價值的思想都是從這些報告中產生。但比這些思想更重要的是，我們可以從這些報告中看出他們感興趣的是什麼？他們最適宜做哪種工作。」

「比如說，有一個化學工程師，他告訴我們的，在我們想來當然是非化學莫屬了。但有時他的報告中卻並不詳述關於這方面的建議，而是注重於怎樣出貨，如何布置等等。於是，很顯然，他所注意的是在那一方面，那麼，我們既然知道了他的真實興趣在哪一方面，我們當然就可以派他去擔任那一方面的職務。」

我們大都是身不由己地被牽引到與我們天生的興趣最接近的工作上去，這種興趣，有時是我們自己也難覺察的。總之，人人常常對自己及自己的事情非常注意。比如自己所缺少的東西、與自己有關的一切問題以及

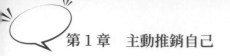

與自己的經驗有關的種種事情。

3・抓住別人的注意力

電話的發明者貝爾有一回為籌一筆錢而大傷腦筋。他來到一個朋友休伯特先生的家中，希望他能對他正在進行的新發明投資。

他該怎樣說服休伯特先生呢？是開門見山就大談預算能獲得多少利益嗎？是把他的科學原理解釋一番給他聽嗎？貝爾絕不會做這種傻事的！他隻字不提自己的真正意圖，而是預先設計安排好了一個「局」。貝爾不但是個發明家，而且還是一個出色的交際家。

據貝爾的傳記所述：他彈著鋼琴，忽然停住了，向休伯特說：「你可知道，如果我把這腳板踏下去，向這鋼琴唱一個聲音，比方說『哆』，這鋼琴便也會重複彈出這個聲音『哆』。這事您不覺得有趣嗎？」

休伯特當然不明白這是怎麼回事。於是他悄悄地放下手中的書本，好奇地詢問貝爾，於是貝爾便詳細地解釋了和音或複音電信機的原理給他聽。這場談話的結果，休伯特很願意負擔一部分貝爾的實驗經費。

貝爾的決勝策略，其實非常簡單，在講他的故事之前，他先設法引起對方的好奇心。他無師自通，巧妙運用了「引起他人注意」的祕訣。

表演展示一些新穎別致的事情，貝爾牽引著休伯特對他的理想發生興趣，這是一種很有力量的策略。然而，這一計策的運用也並非沒有地雷暗礁，我們常常見到許多奇妙的技藝終歸於失敗，結果不過是觀眾們一聳肩膀或一揚眉毛。這便是沒有真正運用這個祕訣的緣故。

而貝爾卻能夠以「新穎」混於「熟悉」之中，很自然地運用了這個計策。休伯特的鋼琴就是幫他完成妙計的唯一功臣。

然而，新穎的東西固然引人注目，但未必都能牢牢吸引我們。我們常常情不自禁、窮追不捨地要弄個明白的新穎的事物，都是有某種條件的，那就是這些新穎的東西必須包含我們熟悉的成分。倘若不能觸及我們自己的經驗，我們仍然不會深切注意它們的。

所以，我們可以下這樣的斷語：新穎的東西，必須與我們的經驗接近才能夠引起我們強烈的注意，引起我們的好奇心。

據說，貝爾在平時談話中，也緊守著這個策略。他是一個很健談的人，而且別人都喜歡聽他的談話，因為他的談話常是根據別人的興趣和經驗，再穿插以新穎的資料，因而他能夠使他談的事情都像戲劇一樣有趣。

當我們很謹慎地根據他人的經驗、興趣，而設法接近他人時，除了拿出新穎的東西之外，還得參雜著一些別人熟悉的成分。因為我們的目的是不但要抓住他人的注意，還必須把掌握他人的注意力而使他人折服。

總之，當我們希望別人接受一個新的理念，並且對於這個理念有所作為的時候，首先要注意的是：「用他們自己的經驗來解釋給他們聽。」

4．迎合別人的經驗及需要

在紐約，著名編輯肯尼士當年初入報界求職的時候，便是迎合了別人的經驗和需要才獲得成功的。

18歲的肯尼士隻身一人來闖紐約，他的第一個問題便是要向一個完全不認識的人求得一個編輯的職位。當時的紐約有成千上萬的人失業，而所有的報社都被找工作的人包圍著，在這樣艱難的時期，這種嚴重的關頭，他的問題是多麼難解決呀！然而，肯尼士有一項優勢，那就是他曾在一家印刷廠做過幾年排版工人。

肯尼士前往的第一家便是《紐約新聞》，因為他早已知道這家報紙的老闆格里萊少年時也曾像他一樣，做過印刷廠的學徒。因此，他料定格里萊對於一個與他有相同遭遇的孩子，一定會表示高興和同情的。果然，格里萊錄用了他。

他所以能輕易地使老闆相信他是值得僱傭的人，完全是因為肯尼士知道運用「接近別人的經驗」的策略，能夠借用格里萊自己的經驗來表達他的思想。

石油大王洛克菲勒的兒子是一個聰明的人，在中年時期，有一次他曾

帶了 3 個孩子出去旅行，不料被許多攝影記者包圍住了。他很不願意把孩子的照片刊登出來，但是他能當場表示拒絕嗎？不！他想，要既不讓這些攝影記者掃興，又要讓他們同意不拍攝他孩子們的照片。

他與他們談話時，並不把他們當作新聞記者，而是當作是他的師長或父輩。他與他們討論，他表示刊登小孩子的照片，似乎不是教育兒童的好方法。於是這些攝影記者同意他的意見，很客氣地走了。

帕絲女士也曾運用同樣的方法與態度強硬的犯人談話，交談不到幾分鐘，竟使那些犯人涕淚交流地跪了下來。

她首先就和犯人們談他們幼年時候的事情，以勾起他們以往的一切經驗。犯人們大概都能夠抵抗一切外來的刑罰、威脅，然而對於這些內心升起來的種種回憶，可就沒有能力去抵抗了。結果，許多冥頑不化的犯人都被帕絲女士轉變成為溫良和順之人，成為有用之材。

美國的鐵路專家查頓到英國擔任大東鐵路公司的總裁。到任之時，人家對他的反對就像「早春的寒霜」。原來大東的職員有一個傳統觀念：「沒有一個美國佬具有擔任大東總裁職位的資格。」查頓是美國人，竟然當了總裁，於是便犯了眾怒。但查頓並不著急，他只運用了一些策略，便平復了眾人的敵意。他究竟運用了什麼策略就消釋了員工由傳統觀念而產生的敵意呢？那便是根據他產生敵意的經驗，去迎合員工的意志並做出公開的演說。他說他到英國來擔任這個職務，並不是為了什麼榮譽，也沒抱什麼希望，他所需要的只是能有一個「戶外競技的機會」罷了。幾句話下來，果然使成千上萬的大東職員們靜默下來。

美國著名演說家喬特之所以能保持演說家的地位長久不衰，關鍵在於他善於應用這種策略。

有一次，他在一個陶瓷學校演說，第一句便說自己是校長手裡的「陶土」，接著再說遠至古代以來的陶瓷簡史，使全校師生都聽得非常滿意。

又有一次，他在一個漁民集會上演說的時候，開頭就把自己比作一條「異魚」，他說：「這條異魚也許會使你們釣魚的本領意外進步，或許反而使

你們釣魚的本領退步。」他說了這樣的妙語之後，才接下去演說英國漁業委員會繁殖江河魚類的偉大計畫和成績。

而在一所英國學校演說時，他則列舉一大串從該校畢業出來的著名人物，藉此說明英國的教育上是多麼卓有成效，高人一等。當然，他的演說受到熱烈的歡迎，因為他的一切演說的重點總是集中在別人的興趣上。

《演說術》一書的作者菲利浦曾說：「以聽眾的經驗來發揮，乃是演說術的第一要義。演說者把他的思想熔鑄在聽眾本身經驗中越多，便越容易達到演說的目的。」

菲利浦舉例說：「當我告訴一個朋友說：『我的鄰居買了一車紫苜蓿。』這話可能使他不懂，如果我接著解釋『紫苜蓿是一種草料』，於是他立刻有了紫苜蓿的印象，不容易懂的話就變得容易懂了。這就是解釋已涉及聽者自己的經驗範圍之內的緣故。」所以，菲利浦的結論是，「參考聽眾的經驗，就是侵入聽眾的生命。」

總之，當你想抓住別人的注意，使他們聽信於你的時候，建議你小心地從他們自己的經驗及需要中接近他們，用他們的語言來發揮你的思想。

要想獲得別人的注意，應當先嘗試引起他們的好奇心，越是出人意料、越是戲劇化越好。當你運用這個策略的時候，你不妨在他們已經熟悉的事物中添加一點新穎的東西進去。

5・關鍵時表演一點絕活

別錯過表演自己的機會，抓住一次你就可能成為主角。

身處職業賽場的人，也需要機會讓自己一戰成名，這是一個在「速食」年代出人頭地的最佳策略。你就像一個雄心勃勃的「板凳隊員」，隨時準備著教練的召喚，一有機會出現，就會不毫不猶豫地衝向賽場並且不辱使命。成為某個行業的偶像並不是白日夢，關鍵是為每一次可能出現的機會做好準備，絕不錯過任何一次表現自己的機會。

湯姆・克魯斯在演出《捍衛戰士》（Top Gun）之前，只能在好萊塢扮演

一些小角色，有時甚至連一分錢片酬都沒有。導演們拒絕他的理由是：不夠英俊、皮膚太黑了、演技太幼稚等等。然而，這些在今天都變成了笑話。另外，像喬治‧克隆尼在演出《急診室的春天》（ER）之前、金凱瑞在演出《摩登大聖》（The Mask）之前、尼可拉斯‧凱吉在演出《遠離賭城》（Leaving Las Vegas）之前，他們都不得不努力地去扮演各種小角色。絕不錯過任何機會的做法，使他們最終都變成了好萊塢的票房保證。

　　如果你正在為缺少表演機會而鬱悶，或者因為總是扮演一些小角色而心有不甘的話，請你相信這只是個過程。事實上，在你的公司裡根本就沒有什麼「小角色」，只有那些自己看扁自己的「小人物」。只要你願意，會議、培訓、提案……公司的任何一項日常活動都能成為你表演的舞臺。當那些「小人物」遲疑、退縮的時候，你應該信心十足地說：「我可以表達自己的想法嗎？」「讓我來試一試吧！」「我相信我能做好！」

　　如果對自己的能力還沒有信心，那建議你埋頭苦練，什麼都別說。如果你認為缺的就是機會，那就努力演好目前的角色，使自己養成每次都做得很好的習慣，成功應該離你不遠。

暢銷的理由

　　以商品為例，飛柔、海倫仙度絲之所以暢銷，主要原因是顧客需要它們；史努比娃娃之所以讓麥當勞門前排起長龍，主要原因是顧客喜歡它。由此可見，一件商品如果能讓顧客需要它或讓顧客喜歡它，就一定不愁沒有市場。

　　人要暢銷，也必須讓別人需要自己或喜歡自己，「需要你」是對你做事能力肯定，「喜歡你」是對你做人技巧的欣賞。

　　很多時候，我們可以看到一種所謂的「逆淘汰」現象：一些有做事能力的人在公司備受冷落與排擠，最終不得不掛冠而去；而另一些做事能力平平的人在公司卻是風生水起，一路晉升。

人們需要你，那是對你做事能力的肯定；但若是他們並不喜歡你，你跟他們之間的合作就只能是暫時的。你敢說再也沒有合適的人能夠替代你嗎？聰明的人應該懂得如何使自己更受歡迎，因為沒有人願意和自己討厭的人在一起長期工作，哪怕他真的很出色。

當然，你不用做「大眾情人」。什麼人都會喜歡你，也會使你很快成為沒有原則的「濫好人」。做好人，但是千萬不要「濫情」。面對原則性的衝突，你要堅持，但需要用完美的溝通來堅持。保持原則又不遭人恨，這叫「拿捏」。

對於那些長期「滯銷」的求職者，建議他們留意專業以外的因素。因為阻礙他們成功的可能並不是他們做事的品質，而是他們對待人際合作的態度。就好像我們經常能夠聽到的這些調調：「我是憑本事吃飯的，用不著靠關係做事！」「有那個時間夫協調、溝通，自己早做完了！」「和人打交道太複雜了，還是做事乾脆！」「別人怎麼想那是他的事，考慮這麼多忙都要忙死了！」

這些人的態度很容易使他們成為不受歡迎的人。你有本事，人們還能容忍你；你沒本事，請你趕快離開。這就是職場，有人的地方就會有鬥爭。抱怨你的公司存在人際鬥爭，就像抱怨這個社會存在犯罪一樣，沒有任何意義。如何贏得更多的人的支援，使他們接受你、喜歡你，才是你應該考慮的問題。

很久以來，求職者都以為被人需要才是競爭力。他們為了獲得更多的需要，努力使自己更進步。可是細心的求職者卻發現，成為受歡迎的人不但可以減少更多阻力，而且在相同的條件下總能獲得更多機會。因此，讓人們需要你而且喜歡你，這是使自己暢銷的最好策略也是唯一的策略。

第 2 章

自薦需要能力

　　西元前 258 年，秦軍包圍趙國國都邯鄲。趙王派平原君出使楚國，與楚聯盟抗秦。平原君準備帶領 20 名精明幹練、文武兼備的門客跟隨。他精心挑選一番，只選出了 19 名，再也選不出合適的人了。這時門客中有個叫毛遂的走上前來，向平原君自我推薦說：「我聽說您將要出使楚國，準備帶家中門客 20 人，現在還缺 1 人，希望您就把我當成其中的一員吧。」

　　平原君說：「先生到我的門下幾年了？」

　　毛遂說：「已經 3 年了。」

　　平原君說：「有才能的人在處世上，就像是一把錐子放在口袋裡一樣，那鋒利的錐尖很快就會透出來。如今先生在我的門下住了 3 年，但左右的人沒有稱頌你的，我趙勝也沒有聽說你呀。這似乎說明你沒有什麼才能，先生還是留在家裡吧。」

　　毛遂說：「我只是今天才請求你把我裝進口袋裡去罷了。假如我這只錐子早一點進口袋裡，早就脫穎而出了，難道僅僅只是露一點鋒芒嗎？」

　　平原君覺得毛遂的話很有道理，便抱著試試看的心理答應帶毛遂與其他 19 人同去楚國。

　　到了楚國，平原君和楚王在朝廷上談論合縱抗秦大事，毛遂等人在臺階下等候。他們從早晨一直談到中午，竟毫無結果。其他門客對毛遂說：「先生你上去談一談吧。」毛遂拿著寶劍，沿著石級，一步步走上去，對平原君說：「合縱的利害關係明明白白，兩句話就可以說完，可是今天太陽一出來就開始討論，直到中午還沒有結果，這是為什麼呢？」

　　楚莊王問平原君：「這人是做什麼的？」平原君說：「是我的門客。」楚王喝斥道：「還不給我退下去，我正在跟你的主人說話，你來做什麼？」毛遂按劍上前說：「大王竟敢如此喝斥我毛遂，憑藉的是楚國人多嗎？眼下，在 10 步之內，大王無法依仗人多勢眾，大王的性命就懸

在我手中。我的主人在眼前,你喝斥我做什麼呢?況且,我聽說商湯憑方圓七十里的土地就可以在天下爭王,周文王憑方圓百里的地盤,就使諸侯歸附稱臣,難道是僅憑他們的兵多嗎?現在楚國有方圓五千里的土地,拿著兵器的將士亦有百萬,這是你稱霸的好資本,天下誰能抵擋呢?然而,事實上楚國卻連連受辱。可是,只不過是秦國的末將,僅率領幾萬人馬就起兵與楚作戰。第一戰就拿下了你的鄢、郢,第二仗就燒毀了你的夷陵,第三仗污辱了大王的宗廟,這是世世代代的怨恨,連趙國也為之感到羞恥,但是大王卻淡忘了這種刻骨仇恨。合縱之事,主要為的是楚國,而不是趙國啊!你還有什麼拿不定的主意呢?」

楚王被說服了,當場表示:「是的,的確像先生說的,為保全我楚國的江山社稷,我們參加抗秦。」毛遂問:「大王決定了嗎?」楚王說:「決定了。」毛遂對左右的官員說:「請把狗、雞、馬的血拿上來。」毛遂捧著盛血的銅盆跪著獻給楚王,說:「那就請大王和我的主人平原君歃血為盟吧。」就這樣,楚趙聯合抗秦的盟約就確定了。

有人說毛遂「三年不鳴,一鳴驚人」是緣於其勇氣與膽識,這話當然有一定道理。但其中不可忽略的是毛遂的真本事。假如毛遂沒有對當時天下大勢的了解,沒有分析、判斷的才能,而是光有勇氣和膽識,他也肯定不能脫穎而出的。

何不讓自己的心態隨時保持彈性?那麼你的想法或許可以更周全,對人生的態度也能更自在地去面對。

有利於自薦成功的五種能力

自告奮勇挑大梁、擔大任,這種勇氣固然值得嘉許。但在邁出這一勇敢步伐之前,需要一點一點地積蓄自己的能力,以便擁有一副「好體格」。否則,那麼重的擔子,豈不是會把你壓垮?

　　一般來說，擔大任的能力包括：文字表達能力、口語表達能力、領導能力、人際交往能力和公關能力。

1 · 文字表達能力

　　文字表達能力。領導人才具有較高的文學表達能力，能促使自己的決策思想系統化、條理化、規範化，便於指導和改進全域的工作；能幫助自己更好地分析研究經驗教訓，抓好正反兩方面的典型，推動一般的工作；還能使自己比別人更迅速地處理各種公文和資料，提高工作效率。隨著形勢的發展，社會對各類領導人才應具有的文字表達能力的要求也越來越高。臺灣一些企業在選拔中、高層領導人才時，已經明確要求他們具備撰寫論文的水準，並將這一標準列為對他們進行短期強化訓練應達到的目標之一。

　　具備較強的文字表達能力，能使領導人才的各項基本素養不斷趨於完善，因而最大限度地發揮潛能，使自己向著更高層次的水準發展。

　　在歷史上，凡是著名的領袖人物都是善於寫作的。邱吉爾、羅斯福、戴高樂都曾經當過記者，辦過報紙、雜誌，寫過書。不少人正是因為當過名記者，辦了一份很有名氣的報紙或雜誌，才創造了自己的知名度，逐步走上創業之路的。

2 · 口語表達能力

　　口語表達能力主要包括在各種會議上的演說能力，對不同對象的說服能力以及在面對複雜情況的答辯能力。這三種能力恰恰是目前不少基層領導者甚至包括一些高層領導者所缺乏的。有些領導者不善於在各種群眾面前精闢地表述自己的思想見解，甚至講兩三分鐘的話也要秘書事先擬一篇講稿；還有的上司在找下屬談話時，明明真理在手，卻說服不了對方，有時候，遇到發問竟然無言以對，缺乏起碼的答辯能力。由此可見，要想擔當重任就應具有一定的口語表達能力。而對於領導人才來說，不斷有意識地提高自己的口語表達能力就顯得尤為重要了。

　　具備出色的口語表達能力有助於提高和完善領導人才的組織指揮能力和疏通協調能力。

3・領導能力

　　領導能力由識人、育人、用人三部分構成。古語說「士為知己者死」，用現在的話來說就是「人為知己者用」。上司如果沒有識英雄的慧眼，下屬是絕對不會激起幹勁的。時代要求領導者要以公平而客觀的原則去評估選人，提拔真正有才能的人，這就是「識人」，是領導能力表現的第一個層面。發現了人才要在實踐中培養，要激發他們的積極性，使之成為骨幹力量，這就是「育人」，是領導能力表現的第二個層面。對人用而不疑，放手大膽地使用，並根據不同素養委以不同的責任，根據不同情況給予不同形式的指導，這就是「用人」，是領導能力表現的第三個層面。學會了識人、育人和用人，就掌握了領導藝術中的全部行動能力，無論你現在是否在領導者位置，這些都將是你走向成功的重要因素。

4・人際交往能力

　　天時、地利、人和是成功的 3 大要素。其中，天時不如地利，地利不如人和。的確，不管做什麼，要想成功，人際關係是個不可忽視的因素。

　　在現代社會中人際交往的需求增多、機會增加，我們所要進行的任何事情都必須在與他人的交往中完成。人們交往時奉行一種公平利益原則，即互惠關係，交往雙方應互相提供利益。

　　卡內基大學曾對 1 萬多個案例進行分析，結果發現智慧、專門技術和經驗只占成功因素的 15%，其餘的 85% 決定於人際關係。哈佛大學就業指導小組調查的結果顯示：數千名被解僱的男女中，人際關係不好的比不稱職的高出 2 倍。其他許多研究報告也都證明，在調動的人員中，因人際關係不好、無法施展所長的占絕大多數。因此，良好的人際關係是一個人取得成功所必須具備的一種素養。

5．公關能力

艾科卡（Lee Iacocca）是美國著名的企業家之一，曾在美國民意測驗中當選為「美國最佳企業主管」。他曾經擔任美國福特汽車公司的總經理，後來卻在另一家汽車公司克萊斯勒公司瀕臨倒閉時，就任克萊斯勒公司的總裁。

「受命於危難之際」的艾科卡是怎樣拯救這家奄奄一息的公司，因而創造出為人們所津津樂道的「艾科卡神話」呢？他的法寶之一就是良好的公關能力。

當時的克萊斯勒公司產品品質不高，債臺高築，求貸無門，人浮於事，「就像一艘漏水的船在波濤洶湧的海面上漸漸下沉」。艾科卡明白，要東山再起，重振企業，除了首先在內部大刀闊斧地改革，提高員工的士氣外，必須盡快著手開發新型轎車，重新參與市場競爭，除此之外沒有第二條路可走，可是當時的銀行沒有一家肯貸款給他的公司。嚴酷的現實迫使艾科卡向政府求援，希望得到政府的幫助，以便從銀行貸到 10 億美元的貸款。

消息傳出以後，在社會各界引起了軒然大波。原來，美國企業界有條不成文的規矩，認為依靠政府的幫助來發展企業是不符合自由競爭原則的。面對眼前的困境，艾科卡既沒有洩氣，也沒有抱怨，他知道溝通比抱怨更重要。

他每天工作 12～16 小時，奔走於全國各地，到處演說遊說；同時，又不惜重金僱請說客，遊說於國會內外，活動於政府各部門之間。

在演說中，他援引史實，有憑有據地向企業界說明，以前的洛克希德公司、華盛頓地鐵公司和全美五大鋼鐵公司都先後得到過政府的擔保，貸款總額高達 4,097 億美元。克萊斯勒公司在瀕臨倒閉之際請政府擔保，僅僅是為了申請 10 億美元的貸款，本來是不該引起人們的非議的。

接著，他又向新聞輿論界大聲疾呼：挽救克萊斯勒正是為了維護美國的自由企業制度，保證市場的公平競爭。北美總共只有通用、福特和克萊斯勒

3 大汽車公司，如果因克萊斯勒破產而僅剩兩家，形成市場壟斷局面，那還有什麼自由競爭可言？

對政府部門，艾科卡則採取不卑不亢的公關策略。他替政府算了一筆帳：如果克萊斯勒現在破產，會造成 60 萬工人失業，全國的失業率會因此而提高 0.5%，政府第一年便必須為此多支付 27 億美元的失業保險金及其他社會福利開支，而最終又將會使納稅人多支出 160 億美元來解決種種相關的問題。艾科卡向當時正受財政出現巨額赤字困擾的美國政府發問：「你是願意白白支付 27 億美元呢，還是願意出面擔保，幫助克萊斯勒向銀行申請 10 億美元的貸款呢？」

艾科卡還為每一個國會議員開出一張詳細的清單，上面列有該議員所在選區內所有同克萊斯勒公司有經濟來往的經銷商和供應商的名字，並附有一份一旦公司倒閉將會在該選區內產生什麼樣後果的分析報告。他暗示這些議員：如果因公司倒閉而剝奪你的選民的工作機會的話，對你的仕途是不會有什麼好結果的。

艾科卡的公共關係策略終於獲得了成功，企業界、新聞界、國會議員都不再反對擔保，美國政府也開始採取積極合作的態度。他終於得到了用於開發新型轎車的 10 億美元的貸款。

3 年後，克萊斯勒公司開始轉虧為盈，第四年便獲得 9 億多美元的利潤，創造了這家公司有史以來最好的經營紀錄。

不要在工作上被人看輕

人在職場，工作的重要性不言而喻。工作一則可以養家糊口，一則可發揮才能，實現自我。為了剛開始的「工作人生」能夠一路順暢，我們一定要切記：別在工作上被人看輕！在工作上被人看輕的人有以下幾種類型。

- 混日子型：這種人不把工作當一回事，不但不積極表現，連犯錯也不在

乎;「反正混一口飯吃」是他的中心思想,「此處不留人,自有留爺人」則是他的應變態度。這種人讓人看不慣,可是他每天準時上下班,對人又客氣得要命,讓你抓不到他的小辮子。這種人好像過得很舒服,其實人家早在心底把他看輕了。

- 看輕職位型:這種人常說「這工作有什麼了不起?」或是「這職位有什麼了不起?」一副懷才不遇的樣子。他看輕他的工作、他的職位,可是他又不走。他的舉動就刺激了其他戰戰兢兢工作的同事,於是他們就看輕他了。

- 遲到早退型:每個人都免不了有遲到早退現象,可是若時常如此,並且自己還不在乎,同事們就會覺得這不公平,可是又不習慣、也不願和他一樣遲到早退,同時也沒「資格」說他。在拿他沒辦法的情況下,同事們看輕這種人了。

- 混水摸魚型:這種人機靈狡猾,看起來很認真工作,其實那是在做樣子,他永遠不願承擔責任,但永遠有好處可拿;雖然能言善道,人緣不錯,但實際上別人早在心裡把他看輕。

其他還很多種類型,諸如爭功諉過型、孤芳自賞型,總而言之,這些人就是不敬業。這種人不敬業,一則無形中刺激、羞辱了那些敬業的同事,使他們以看不起作為無言的報復;二則讓人認定他們是不求上進的混混。如果他這種表現也被主管知道,那麼他別想在工作上有所突破。

也許有人會說,被看輕有什麼了不起?但是,如果你因不敬業而被看輕,一些關於你的評語會到處散播,這對你相當不利。事情若太嚴重,你甚至會連新的工作都找不到,因為同行一定知道你的不敬業,誰敢用一個不敬業的人?你如果不敬業,就算人們不會四處散播對你的評語,對你也沒有好處,因為你無法從工作中吸取更多的經驗,而不敬業如果形成習慣,你一輩子就別想出人頭地了。

不被人看輕和工作能力確實沒有太大關係,人們會尊敬能力中等但拼勁十足的人,但不會尊敬一個能力一等、但工作態度不佳的人;如果能力平平又不敬業,那麼別人就會看輕你,你甚至有被淘汰的可能。

以「勤」補能力的不足

「勤能補拙」已是一句老話，但能承認自己有些「拙」的人不會太多，能在進入社會之初即體會到自己「拙」的人更少。大部分人都認為自己不是天才至少也是個具有才幹能力的人，也都相信自己接受社會幾年的磨練後，便可一飛沖天。但能在短短幾年即一飛沖天的人能有幾個呢？有的飛不起來，有的剛展翅就摔了下來，能真正飛起來的實在是少數中的少數。為什麼呢？大多是因為人們的社會磨練不夠，能力不足。

那麼有沒有辦法在極短的時間補足自己的能力呢？所謂的「能力」包括了專業的知識、長遠的規劃以及處理問題的能力，這並不是三兩天就可培養出來的，但只要「勤」，就能很有效地提升我們的能力。

「勤」就是勤學，在自己工作職位上一刻也不放棄，一個機會也不放棄地學習。不但自修，也向有經驗的人請教。別人睡午覺，你學；別人去娛樂，你學；別人一天只有 24 小時，你卻是把一天當兩天用。這種密集的、不間斷的學習效果相當顯著。如果你本身能力已在一般人水準之上，學習能力又很強，那麼你的「勤」將使你很快在團體中發出亮光，為人所注意。

另外一種能力不足的人是先天資質不如他人，學習能力也比別人差，這種人要和別人一較長短是很辛苦的。他們首先應在平時的自我反省中認清自己的能力，不要自我膨脹，迷失了自己。如果認知到自己能力上的不足，那麼為了生存與發展，也只有「勤」能補救，他們若還每天癡心妄想，不要說一飛沖天，有時連工作可能都會丟掉。

對能力真的不足的人來說，「勤」便是付出比別人多好幾倍的時間和精力來學習，不怕苦、不怕難地學，兢兢業業地學，也只有這樣，他才能成為龜兔賽跑中的勝利者。

其實「勤」並不只是為了補拙，在一個團體裡，勤快的人終究會為自己爭來很多好處。

• 塑造敬業的形象。當其他人混水摸魚時，你的敬業精神會成為旁人眼光

的焦點，認為你是值得敬佩的。

- 容易獲得別人諒解。當有錯誤發生，必須找個代罪羔羊時，一般人不大會找一個勤於工作的人來頂替。當你做錯了事，一般人也不忍指責，總是會不忍地認為，你已經那麼認真了，偶然出點錯沒有什麼關係。

- 容易獲得主管的信任。主管喜歡用勤奮的人，因為這樣他比較可以放心，如果你的能力是真不足，但卻很勤奮，主管還是會給予你合適的機會。主管都喜歡鼓勵肯上進的人，此理古今中外皆同。

使上司感到不能缺少你

一般來說，能人在某些方面的能力有超群之處，所以才能在單位的各項工作中發揮特殊的作用，或解決單位的各項難題，或打開工作的新局面，因而給大家帶來各種利益。

在圖書出版界競爭激烈的今天，某出版社的收益一年比一年下滑，職員的收入也一年比一年減少，職員人心不穩。年輕的編輯室主任小趙看到該社的圖書發行量明顯下降，就主動向上司提出，應當向個人書商擴大發行通路，並且拿出了一套具體計畫。上司表示願意考慮。為了使上司的興趣變成決心，小趙提出，這項方案的實施由自己來承擔。上司很快便同意了。小趙立下「軍令狀」之後，不辭辛苦，頂著酷暑烈日，騎自行車跑遍全城，將出書計畫和選題中的優秀書目，一個一個書商地進行具體宣傳和洽談。有時為了使書商信任圖書的社會效益和經濟效益，往往要來回折騰十幾次，終於使幾家書商願意合作，簽訂了代理銷售的合約。一年之後，該出版社的收益大增，職員的收入也有了較大的成長。眾望所歸而又年輕的編輯室主任很快地被提升為副社長。

任何上司都毫無例外地希望自己的下屬是一個有才有識、有膽有略、有德有績的人，這樣也展現了上司用人得當、領導有方。上司對有成績的下屬往往倍加讚賞和鼓勵，視為自己的得力助手，甚至很快委以重任，迅

速提升為左右手。如果你一生碌碌無為，毫無建樹，上司自然就會認為你能力有限，甚至丟了他的面子，果真如此，不僅你難以晉升，甚至現有職位也難保全，因此身為下屬，必須不斷開拓進取，做出實績，這是利人、利己的事，何樂而不為？

正因為上司需要能做出成績的能人，所以你要使上司覺得不能缺少你。不論有沒有越級的上司作後盾，頂頭上司始終掌握著你的命運，是不能不認真對待的人。而對待頂頭上司的祕訣是：使上司感到不能缺少你。

要讓上司感到不能缺少你，有正道和邪道。邪道是壟斷某些消息和資料，讓上司只有透過你才能了解周圍和下屬的情況。這樣一來，你便成了上司的耳目，非你不可了。不過要成功，一定要走正道，真正做出實際成績和表現，必然會得到上司賞識。所以千萬不能假戲真做，一個勁地自欺欺人。

任何下屬的作用都是幫助、協助上司達到其事業上的目標。要做到這一點，首先要認同上司的事業目標和工作價值。上司認為公司應快速增長，你不能認為要循序漸進；他認為語文文法十分重要，你寫報告的文字就不能馬虎。其次，要擔任好互補的角色，他向外發展，你要守好大本營；他大刀闊斧，你要做些細部的整理工作。只有把這一套工夫做好了，與上司相處才是如魚得水。

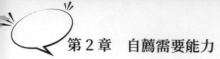

第 2 章　自薦需要能力

第 3 章

勇於自薦的人最自信

　　與金錢、勢力、出身相比，自信是人身上更有力量的東西，是人們從事任何工作的最可靠的資本。自信能使人排除各種障礙，克服種種困難，使事業獲得完滿的成功。

　　有的人最初對自己有一個適當的推測，相信自己能夠處處勝利，但是一經挫折，他們卻半途而廢，這是自信心不堅定的緣故。所以，只有使自己變得堅定，那麼即使遇到挫折，也能不屈不撓，向前進取，絕不會因為一時的困難就退縮。

　　其實，對自薦者來說，最困難的莫過於戰勝自己的弱點，如果我們不能戰勝自己的弱點，那麼，也就永遠無法發現自己究竟擁有多少潛力。

莫讓自己打敗自己

　　小滿是一位頗有文學才華的青年。我們認識他時，我們一起在某報社做送報員，工作很辛苦，薪水也僅夠糊口。那時，對文字同樣的癡迷使我們成了好朋友，我們狂熱地寫稿、投稿，時常有文章刊登在各報紙媒體上。3 年前，我抱著一大疊刊有我作品的樣刊、樣報辭去送報員的工作，開始再次求職的生涯。臨走時，我邀請小滿和我一起離開，一起去找一份編輯工作──我認為這份工作更適合我們。小滿沒有答應，他說怕自己不行。

　　我辭去送報員的工作後，在跌跌撞撞中度過了大約半年的時間。其間到一些小報社、小雜誌當過編輯，不停地換工作。儘管這半年並沒真正找到一份穩定、心儀的編輯工作，但我也因此學會了一些以前我所不懂的編輯知識。在求職與工作的過程中，我得到了成長，更增添了信心。2002 年春節過後，我被一家文化公司以較好的待遇聘為編輯，職業生涯由此展開了新的一頁。而此時小滿還是在起早貪黑地做著他的送報員。雖然工作不分高低貴賤，但我們有理由選擇更適合自己發展的工作。我認為小滿的職業生涯並不成功，而造成這一切的原因是他缺乏自信。

　　要想事業成功、生活幸福，是重要的是要有積極的自我形象，要敢於對自己說：「我行！我堅信自己！我是世界上獨一無二的人！」

　　1862 年 9 月，美國總統林肯發表了將於次年 1 月 1 日生效的《解放黑奴宣言》。在 1865 年美國南北戰爭結束後，一位記者去採訪林肯，他問：「據我所知，上兩屆總統都曾想過廢除黑奴制，《宣言》也早在他們那時就起草好了，可是他們都沒有簽署。他們是不是想把這一偉業留給您去成就英名？」林肯回答：「可能吧。不過，如果他們知道拿起筆需要的僅是一點勇氣，我想他們一定非常懊悔。」林肯說完匆匆走了，記者一直沒弄明白林肯這番話的含義。

　　直到 1914 年林肯去世 50 年後，記者才在林肯留下的一封信裡找到了答案。在這封信裡，林肯講述了自己在幼年時的一件事：「我父親以較低的價格買下了西雅圖的一處農場，地上有很多石頭。有　天，母親建議把石頭搬走。父親說，如果可以搬走的話，原來的農場主早就搬走了，也不曾把地賣給我們。那些石頭都是一座座小山頭，與大山連著。有一年父親進城買馬，母親帶我們在農場勞動。母親說，讓我們把這些礙事的石頭搬走，好嗎？於是我們開始挖那一塊塊石頭。沒多久時間就搬完了。因為它們並不是父親想像的小山頭，而是一塊塊孤零零的石塊，只要往下挖一英尺，就可以讓它們移動。」林肯在信的末尾說：有些事人們之所以不去做，只是他們認為不可能。而許多不可能，只存在於人的想像之中。

　　這個故事很有啟發性。它告訴大家，有的人之所以不去做或做不成某件事，不是因為他沒這個能力或是客觀條件限制，而是他內心的自我形象首先限制了他，是他自己打敗了自己。

　　一些成功學研究大師分析許多人失敗的原因，不是因為天時不利，也不是因為能力不濟，而是因為自我心虛，自己成為自己成功的最大障礙。有的人缺乏自信，總覺得自己這也不是、那也不行，對自己的身材、容貌不能自我接受，時常在人面前感到緊張、尷尬，一味地順從他人，事情不成功總覺得自己笨，自我責備，自我嫌棄；有的人缺乏自信心，懷疑自己的能力；有的人缺乏安全感，疑心太重，對他人的各種行動充滿戒備；有的人

缺乏勝任感，工作中缺乏擔當重任的氣魄，甘心當配角；也有的人反其道而行之，為掩飾自己的缺點或短處，誇張地表現自己的長處或優點⋯⋯這些人面對的真正敵人是他們自己。

每個人在一生之中，或多或少總會有懷疑自己或自覺不如人的時候。研究自我形象素有心得的麥斯威爾‧馬爾茲醫生曾說過，世界上至少有95％的人都有自卑感，為什麼呢？電視上英雄美女的形象也許要負相當大的責任，因為電視影響人心的作用實在太大了。

有些人的問題就在於太喜歡拿自己和別人比較。其實，你就是你自己，根本不需要和任何其他人比較。你不比任何人差，也不比任何人好，造物者在造人的時候，使每一個人都是獨一無二、不與任何其他人雷同的。我們不必拿自己和其他人比較來決定自己是否成功，應該是拿自己的成就和能力來決定自己是否成功。

將自卑踩在腳底

據說拿破崙親率軍隊作戰時，軍隊的戰鬥力便會增強一倍。原來，軍隊的戰鬥力在很大程度上基於士兵們對於統帥的敬仰和信心。如果統帥抱著懷疑、猶豫的態度，全軍便會混亂。拿破崙的自信與堅強，使他統率的每個士兵增加了戰鬥力。

如果拿破崙在率領軍隊越過阿爾卑斯山的時候，只是坐著說：「這件事太困難了。」無疑，拿破崙的軍隊永遠不會越過那座高山。

有一次，一個士兵騎馬給拿破崙送信，由於馬跑得速度太快，在到達目的地之前猛跌了一跤，馬就此一命嗚呼。拿破崙接到信後，立刻寫了一封回信，交給那個士兵，吩咐士兵騎自己的馬，從速把回信送去。

那個士兵看到那匹強壯的駿馬，身上裝飾得無比華麗，便對拿破崙說：「不，將軍，我這一個平庸的士兵，實在不配騎這匹華美強壯的駿馬。」

拿破崙嚴肅地回答道：「世上沒有一樣東西是法蘭西士兵所不配享有的。」

世界上到處都有像這個法國士兵一樣的人，他們以為自己的地位太低微，別人所有的種種幸福是不屬於他們的，自己是不配享有的，以為自己不能與那些偉大人物相提並論。這種自卑的觀念往往成為阻礙他們前進的事物。

一個人的成就，絕不會超出他自信所能達到的高度。無論做什麼事，堅定不移的自信都是成功所必需的和最重要的因素。因此，我們要學會將自卑踩在腳底，昂起自信的頭。

下面介紹一些具有規律性的、被實踐證明了是行之有效的、克服自卑心理的方法。

第一，克服由於思想認知方面造成的自卑心理，即正確認識、恰當評價自己。形成自卑心理的最主要原因是不能正確認識自己和對待自己，因此要改變自卑，須從改變認知入手。要善於發現自己的長處，肯定自己的成績，不要把別人看得十全十美，把自己看得一無是處，而要認知到他人也有不足。也就是說，要培養自己的自信心理。我們可以這樣做試驗：經常回憶那些經過努力、做成功的事情；對一些做得不對的事情，進行自我暗示──不要緊，別人也不見得就能做好，自己再努力一下也許會把事情做好。另外，注意發現他人對自己好的評價。每個人總是以他人為鏡來認識自己，也就是說人們總是根據他人對自己的評價來自我評價的。如果他人對自己做出較低的評價，特別是來自較有權威的人的評價，就會導致自己對自己認識不足，自己低估自己。因此，要注意捕捉他人對自己好的評價。事實上，不會是所有的人都對自己做較低的評價，賞識、了解、理解自己的人總是有的，關鍵是要用心去尋求，將尋求到的好評價作為自我評價的係數，增強自信心。

第二，克服由於生理素養方面造成的自卑心理，即正確補償自己。人的身體是具有「用進廢退」的功能：盲人失明，耳朵就特別靈；腿有毛病，

手就特別靈巧。所以，當我們因生理有缺陷產生一種不如健康人的自卑感的時候，可以試著這樣想：雖然我的眼睛看不見，但我的耳朵比你靈；單就生理素養而言，我們兩個人也是等量的，我並不比你矮半截。其實，人就是靠心靈稱雄的。一個身體健康的人，如果頭腦空虛，他不過是空有軀殼；一個病殘的人，如果內心世界豐富，正如陰暗背景的閃光會更顯得耀目一樣，他更能得到人們的愛戴。可見，我們面對的主要問題是，首先要自己看得起自己，然後才能希求不被別人輕視。

第三，克服由於社會環境方面造成的自卑心理。在任何社會中，農村人與城市人、較富裕的人與生活條件較差的人、學歷高的人與學歷低的人，他們在人格上是完全平等的，並沒有高低貴賤之分，不存在天然的優越感與自卑感。

有的人因自己的工作環境不好，產生了一種自卑心理，即職業自卑感。例如有些清潔工、殯葬工人、煤礦工人以及自營作業者等，他們覺得自己的職業不如別人，因而在與人交往中，不願談及自己的職業，害怕別人瞧不起。克服和消除這種職業自卑心理，可以從以下幾個方面去努力：首先，塑造自己堅強的性格。職業自卑心理的產生，與人們的性格特徵有很大關係。一個人被自卑心理困擾，喪失進取心，這通常與其性格怯懦、意志薄弱有關；而那些自信心強、勇於進取的人，往往性格比較開朗、大膽、意志堅強。那些已經表現出自卑跡象的人，要注意透過鍛鍊、自我教育等方法，培養自己堅強的性格，還要學會保持心理平衡。自卑是心理失衡的一種精神狀態。如果我們想改變它，就要在比較中認識自己，根據自身條件，提出心理要求，並經常及時地對自己的要求進行反思和調整。例如：我們可以利用自我平衡傾斜的心理，這要求我們了解到任何職業都有特殊的作用，每一種職業都有無窮的奧秘，能夠勝任它們都是很不容易的，也都是了不起的。經常運用這種方法調節心理，可以增強我們的職業自信心和榮譽感。

在有些人生活的環境中，重要任務和重要交往活動都由他人包辦了，父母、兄長或團體領袖不要求他承擔獨立的交往任務，這就促成了他安於

現狀、依賴他人的個性。如果他心目中的權威人士，如父母、兄長、團體領袖認為他缺乏交往能力，他很樂意接受這種看法，並潛移默化地適應了周圍的環境，最終的結果是他對交往缺乏信心。要克服這種自卑心理，就要增強性格的獨立性，擺脫人們尤其是權威人士對自己的成見，努力讓自己在交往中日益成熟起來。

第四，克服由於性格氣質方面造成的自卑心理，即克服內向性格和性格孤僻。

心理活動傾向於內向的人沉靜、穩重、處事謹慎，但他們反應緩慢、適應環境比較困難、顧慮多、交際面窄。內向性格和外向性格各有所長、各有所短，不能絕對地判斷哪一種好。在社交方面，內向性格較之外向性格有更多的消極因素。例如，內向性格的人不喜歡把自己的悲歡告訴別人。他們寧願獨自去忍受或享受，這就很容易進入激情狀態，使意識的控制作用降低、理智分析能力受到抑制，不能正確評價或控制自己的行為。內向性格的人要想逐漸變得外向，一要積極地適應和改造環境，讓環境作用於人，使人的性格變化。我們要正確對待各種環境條件，使我們的性格不論在任何情況下，都能得到良好的塑造。我們還可以多參加一些集體活動，主動與別人接觸，鍛鍊自己的社交能力。二是自我調節並解決心理衝突。內向性格的人常常把痛苦、煩惱通通悶在心中，時間越長，性格越內向。因此，我們要學會宣洩，把苦悶跟他人談一談，排遣掉，使心情變得輕鬆、愉快。三要培養多方面的興趣和愛好。興趣廣則交際廣，又能學到許多知識。培養多方面的興趣、愛好和才能，有益於我們活潑性格的形成和發展。

有的人性格孤僻、不隨和、不合群。這些人大致可分為兩種類型。一種是屬於孤芳自賞、自命清高。他們覺得他人的行為習慣都是庸俗淺薄、低級無聊的，不值得與其接近，有點傲視一切的味道，不願與別人為伍，即便有時想「遷就一下」，「屈尊俯就」他人，也顯得極不自然，別人也不願意接受這種「俯就」，因此他們變得獨往獨來。另一種是屬於有某種特殊的行為習慣，即那些怪僻的人，使別人難以接納、不願接觸他。要克服這種

孤僻的心理障礙，關鍵在於思想上的轉變，不能只想到自己的優點和長處而對別人要求太嚴。即使自己在某一方面有一得之見、一技之長，也不能因此看不起別人。就整個社會而言，一個人的本事再大、知識再豐富，也永遠是滄海一粟。每個人都有自尊心，別人不會因為你孤僻就特別仰求於你，相反，他們會更加瞧不起你。這樣，你不但不會有收穫，還會帶來心理負擔。那些有怪僻的人，要努力改變自己的生活習慣，使自己成為一個受人歡迎的人。改變孤僻性格要有一種恒心和堅忍不拔的毅力。這是很不容易的，因為我們已經習慣了。但我們要堅信，性格是可以改變的，性格在主客觀的相互作用中會產生變化。透過調整、改變生活環境和自己的行為，相信大家能自覺地克服不利的環境影響，培養出良好的性格。

第五，克服由於生活經歷方面造成的自卑心理。人們在遭受挫折後，可能會產生各種反應，如反抗、妥協或固執。有的人感受性高而耐受性低，挫折會帶給他們沉重的打擊，變得自卑起來。當我們在交往中，受到別人的冷落和嘲諷時，不要迴避、不要氣餒，要冷靜地分析失敗的原因，採取積極的態度面對悲慘的厄運，勇於承受不幸。痛苦像刀，一方面割破了我們的心，使我們心裡流血、眼裡流淚；另一方面它又開掘出了新的希望的泉水，使我們滿懷信心從頭做起。

彼得是個在美國路易斯安那州長大的年輕黑人，在沒去加州前，他曾居住在 14 個不同的寄養家庭。當時的教會還在露天電影院聚會，心理醫生彼德‧克利就是在那裡見到他。彼得有強烈的自卑感，克利則輔導他去正確地面對這些消極的思想。

有一天，彼得突然對克利說道：「你要知道我是個黑人，我們是比別人低一等的，我們是奴隸的後代。」

克利答道：「你錯了！其實你有勝人一籌的遺傳呢！」

「這句話是什麼意思？」彼得接著問。

克利回答說：「你和每一個在美國的黑人都可以追溯你們的祖籍到非洲大陸。你應該以你的根為榮，因為你是倖存者的後代。那些弱者還未離開

森林就已經沒命了，其他人可能死在船上，他們的屍體被拋進海裡。那些活命的人大致可分為三類：一是智商比別人高，可以生存；二是身體比別人優勝，有過人的韌性；三是意志比別人堅定，不會輕易放棄。每一個在美國的黑人，他們的前輩都是最堅強、最優秀的，而你的血液裡就流著這些優良的特質。

幾年後，彼得成了醫生，取得了醫學碩士學位。他能取得成功，原因在於他首先拋棄了自我貶低的陰暗心理，發揮了自己的潛力。

如果我們對自己的前途有更清楚的認知，如果我們對自己有更大的信心，那麼，我們一定會取得更豐碩的成果。

告訴鏡子中的自己——我行！

冬子聽說本市最大的私人企業近期在業務經理的職位上有一個空缺，決心毛遂自薦，向該企業的總經理劉先生推薦自己擔任業務經理。儘管冬子對自己的業務能力十分自信，但他對第二天的自薦總是有些膽怯。劉先生是當地的紅人，也是冬子崇拜的優秀企業家。冬子除了在電視及報紙上領略過劉先生的風采外，並沒有當面見過他本人，在他面前冬子有一種沒有自信的感覺，並害怕這種感覺使第二天的自薦不能自如地表達、推銷自己．

冬子在自薦前的這種缺乏自信的情況，相信大多數自薦者都有過。那麼，有沒有一種方法讓自己產生自信？下面這個故事，或許能給我們一些啟發。

幾年以前，記者 M・布里斯托到一位富翁家裡做客。這位富翁擁有伐木和大型鋸木機的多項專利，邀請了許多報商、銀行家和工商業巨頭到一家著名旅館的套房，介紹一種鋸床操作的新方法給大家。酒斟得滿滿的，主人很快喝得酩酊大醉。

　　剛要開飯，布里斯托看見主人搖搖晃晃地走進臥室，突然在化粧檯前停住。考慮到自己也許能幫助他，布里斯托便跟著走進房間。布里斯托發現他正用兩手抓住鏡子頂端的邊緣，凝視著鏡子，像喝醉酒的人時常表現的那樣咕噥著，隨後他的話開始變得有條理了。布里斯托聽到他在說：「約翰，你這老傢伙，這是你舉辦的晚會，你必須保持清醒！」他繼續凝視著鏡子中的自己，不斷重複這幾句話。整個過程只有 5 分鐘，但他的醉意明顯消退了。

　　在報社記者的生涯中，布里斯托曾觀察過許多醉漢，但從未見過誰能這麼快地恢復常態。當主人重新回到餐廳時，臉上雖然還帶點紅暈，但顯然是清醒的。宴會結束時，他又介紹了一個十分引人注目並令人信服的新計畫。很久以後，當布里斯托對潛意識能力有了更充分的了解時，才對這種能使一個明顯的醉漢變成十分清醒的主人的鏡子技巧，有了真正的理解。

　　布里斯托將這種鏡子技巧傳授給成千上萬的人，成效甚大。幾年來，許多人到他這裡來，要求幫助解決難題，大部分是婦女，她們幾乎都是哭哭啼啼地敘述各自的遭遇。布里斯托做的第一件事情，就是讓她們站在一人高的鏡子面前，仔細看著自己，看著自己的眼睛，並告訴自己看到了什麼——孩子還是勇士？她們的哭聲很快停止了。這些事例使布里斯托相信，一個婦女在鏡子前看著自己的時候，她不會哭泣——是自尊、羞愧或者是出於對女性軟弱觀念的否認，使她們不再流淚。

　　許多了不起的演說家、傳教士、演員、政治家都曾運用過鏡子技巧。溫斯頓・邱吉爾在做任何重要演說之前，總要站在鏡子前正視一下自己；美國總統威爾遜也使用過這種技巧。我們把它稱為增壓方法。當你準備在大會上做演說時，在排練中使用這種鏡子技巧，可以幫助你塑造出你的形象、掌控好言詞語調以及設想面對聽眾的情景。正視鏡面，你可以極大地振奮精神，由此產生的力量加上言詞的意義，便能迅速打動聽眾的潛意識。

　　如果你準備去訪問一位極其頑固的主要顧客或拜見一位曾使你感到害怕的老闆，那麼請運用鏡子技巧，直到你相信自己能夠做到不慌不忙為止。當你在鏡子前站好，就反覆對自己說，你會獲得巨大成功，世界上沒

有任何東西能夠阻止你。這種做法聽起來似乎有些可笑，然而不要忘記：任何無意識的設想都會在生活中變為現實。

關於眼睛的功能，有過很多論述。它們被認為是心靈的窗戶，不僅洩露你內心的思想活動，而且比想像的更能表達你的內心世界。一旦開始運用鏡子技巧，眼睛就會產生一種你從未看到過甚至從未想到過的力量，而這種力量確實是你所具備的。由於眼神把信念的強度表露出來，你由此贏得人們的讚賞，也就在情理之中。愛默生寫道：每個人的等級身分都確切地包含在他的眼睛裡。眼神能反映出一個人在現實生活中所屬的階層、所處的位置。所以，要努力訓練你的眼神，使之充滿信心，而鏡子則能充分地幫助你。

俗話說，扮演什麼角色，就會成為什麼角色。沒有比對著鏡子扮演更有效的方法了。面對鏡子時，我們不要摻雜虛偽的東西，不要矯揉造作，而是為了塑造自己，使自己成為嚮往的那種人。世界上許多傑出人物都曾借助鏡子技巧來提高自己、完善自己，擴大自己在人群中的影響，為什麼我們不可以仿效它，用它來為自己的特定目的服務呢？

建立自信的六個步驟

羅伯特•費爾德曼（Robert S. Feldman）博士在哈佛大學主持過一系列有趣的迷宮實驗，實驗對象是三群學生與三群老鼠。

他對第一群學生說：「你們很幸運。你們將和天才小白鼠在一起。這些小白鼠相當聰明，牠們會到達迷宮的終點，並且吃許多起司，所以你們要多買一些餵牠們。」

他告訴第二群學生說：「你們的小白鼠只是普通的小白鼠，不太聰明。牠們最後還是會到達迷宮的終點，並且吃一些起司，但是不要對牠們期望太大，牠們的能力與智慧都很普通。」

　　他告訴第三群學生說：「這些小白鼠是真正的笨蛋。如果牠們能找到迷宮的終點，那真是意外。牠們的表現一定很差，我想你們甚至不必買起司，只要在迷宮終點畫上起司就行了。」

　　以後的 6 個星期，學生們都在精確地從事實驗。天才小白鼠就像天才人物一樣地行事，在短時間內很快就到達了迷宮的終點。普通小白鼠也到達終點，但是在這個過程中並沒有寫下任何速度記錄。至於那些愚蠢的白鼠，牠們都有真正的困難，只有一隻最後找到迷宮的終點，可以說是一個明顯的意外。

　　有趣的事情是，根本不存在所謂的天才小白鼠和愚蠢小白鼠之分，牠們都是同一窩中的普通小白鼠。牠們的成績之所以不同，是參加實驗的學生態度不同產生的直接結果。簡而言之，學生們因為聽說小白鼠不同才採取了不同的態度，而正是這種不同的處理導致了不同的結果。

　　人生的法則就是信念的法則。那些我們所接受的理性法則和認為正確的準則都實現了嗎？了解印在我們潛意識裡的一切，因為它們以後將會從經驗中顯現出來。讓我們學著去相信自身潛在意識的功能，然後沉思一下，心底真實的感受是否全面地支配著你的人生。

　　哈佛大學醫學院的心理學家羅伯特‧貝特爾教授說：「如果我們具有很強的自信心，我們都能比平常所表現得要更好。」羅伯特教授總結了建立自信的 6 個步驟。他還說過，不論你現有的自信度為何，只要循此步驟去做，你就會增加自信心去面對生活中的每個挑戰。

1‧告訴自己：一定要實現目標！

　　大多數人即使確立了目標，由於並不衷心渴望它的實現，所以也就缺乏自信心。反過來說，因為不寄予希望，所以嘴上經常掛著一句「我做不到」，而放棄努力。

　　不管在哪一家公司，在工作上追求高效率而始終認真如一、向目標奮勇邁進的人，總是占少數；大多數人往往只投入一半心力，並不積極地全力

投入。

想要擁有自信——「這才是我唯一的工作」，這種全神貫注的信念是非常重要的。抱著半途而廢的心理的人絕不可能產生自信，他們肯定也不被認為是好員工。

為了實現這種信念，我們不妨試試花一天的時間全力沉浸在工作中。

人們常說：「唯有貫注於自己的工作才會產生希望。」希望和自信本屬同一根源。只要將自己沉浸在工作中，我們的心底便會油然而生「只要切實去做，同樣也做得到」的自信。

僅僅一天而已，乍聽起來好像沒什麼意義，然而這卻是一個充滿自信的人生轉捩點。我們可以從很多人的經驗中得到證實，一個充滿自信和希望的一天正是邁向成功的第一步。

2・要有最好的準備

為了成功，我們無論做什麼都需要萬全的準備工作。

比方說，在你向人推銷商品時，擁有自信的最好方法，就是事先準備好在任何場合見面，都能提供給對方特別的東西，以及提供讓對方接受的方法。同時，為了不使對方感覺浪費時間，採取什麼樣的話題、方式以適當表達出重點，我們也必須在事前做深刻的了解。

3・重心放在你最大的長處上

有成就的人知道把精力放在自己最擅長的地方。成功者就像河流一樣，他們找到一條道路，便循著這條道路前進。站在大河邊，想想河流的力量有多大？它能發電、灌溉田地、產生很大的財富，主要原因在於它集中在一個方向上運動。

失敗者就像沼澤，他們四處遊移，什麼事都只做一點，結果一事無成。站在沼澤邊的人會發現它只會把人拖下去，它是蚊子孳生的溫床、是傳播疾病的地方、是鱷魚和毒蛇等爬蟲的窩。

當我們集中精力表現最好的事情時，就會覺得自信心增強。林肯可以成為一名一流的律師，但他最終選擇做政治家，因為他認為他能在歷史上寫下新的一章，因此決心以畢生的精力來完成這個使命。

4‧從你的錯誤和失敗中汲取教訓

「我們浪費了太多的時間，」一位年輕的助手對愛迪生說，「我們已經試了 2 萬次了，仍然沒找到可以做白熾燈絲的物質！」

「不！」這位天才回答說，「但我們已知有 2 萬種不能當白熾燈絲的東西。」

這種精神使愛迪生終於找到了鎢絲，發明了電燈，改變了歷史。

錯誤很可能致命，錯誤造成的嚴重後果，往往不在錯誤本身，而在於犯錯者的態度。能從失敗中汲取教訓的人，才能建立更強的自信心。

5‧放棄逃避方能產生信念

愛迪生說：「在你停止嘗試的當下，那就是你完全失敗的時候。」缺乏自信的人，將終日和恐怖結伴為鄰。越是被恐怖的烏雲所籠罩，自我肯定的機會也就越渺茫。

分析恐怖，就是克服恐怖的第一步。下面的幾個問題我們可以對自己發問，並切實回答。

我所害怕的到底是什麼東西？實際上它又如何呢？我所害怕的東西真正存在嗎？抑或只不過是想像而已？

難道我的內心理所當然應該充滿恐怖嗎？

其實，當我們所恐怖擔心的事物一旦要成為現實時，我們心裡往往會有「最糟糕大不了如何如何……」的萬全準備，這種「大不了」的心理，正是能夠克服恐怖的最佳證明。所以，這些造成我們不安的恐怖事物，說到底並沒有什麼，我們若將其分析得更仔細一點，就會發現其實我們所畏懼的「幽靈」，原來不過是一株枯萎的樹影罷了。我們會為自己深深陷入的恐

怖感到好笑。

　　只要勇敢面對，我們就可以從此消除恐怖的陰影，而且能夠產生堅強的自信心。

6・遵守自己所訂下的約束

　　此處所指的約束，涉及任何種類，而若能包含工作、經濟、健康等各種問題，則更能收到一石二鳥的效果。

　　所謂「約束」並不僅僅是在頭腦中約束自己，我們還可以試試在紙上簽上自己的姓名，這更具實踐的效果。比方說，「從今天起一週之內，我每天早晨要起來慢跑」或者「從今天起一週之內，我要比平常早30分鐘出門上班」等等都可以，將它寫在紙上，填上日期並簽上姓名。

　　約束的內容如何並不重要，重要的是將它寫在紙上後，不論發生什麼樣的障礙，都務必要確實遵守。記住：成功的祕訣在於恆心。

　　當我們對自己做了某種程度的約束後，在遵守它們時，會發現由於實踐產生了自我信賴，這種自我信賴便是我們已開始坦然面對自己的實證，此時自信常然會使我們產生勇氣與力量。

　　大多數人在實行這種自我約束時，多半會產生優柔寡斷、遲疑不決的心態。即使實行了，一旦遭遇挫折又會隨即住手，然而若是用這種寫在紙上的簽名方法，就可能不大容易半途而廢。不管多麼微小的事，一旦我們立下「只要決心去做一定會成功」的信念，自信便會油然而生。

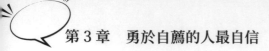

第４章

說話是自薦的工具

俗話說：會哭的孩子有奶吃。嬰兒不會說話，他（她）就用哭的語言來表達自己的願望並往往獲得滿足。對於走向社會上的成人來說，要想表達出自己「吃奶」的願望，依靠的就是說話。

說話是最容易的事，也是最難的事。成功學研究顯示，許多人之所以處處碰壁，大多數原因就是他們在交涉過程中運用的語言不得體，缺乏語言表達藝術性，使本來應該容易得到的東西由於不得當、不中聽的三言兩語而失去了。因此，學會自薦必須要學會說話。

成事一張嘴，敗事也在一張嘴。話語的功效在推銷自己、維繫人際關係上有著非常重要的作用，在職場中更有事半功倍的奇效。

如何妙語生花

如何抓住口才這一成功階梯，做到妙語生花呢？

其一便是說話要讓別人聽了舒服。這就如同穿一件衣服，如果人們覺得舒服你就願意經常穿。其實自薦也一樣，被求者聽了舒服，自然不會產生抵觸及排擠的情緒，也就樂意幫你忙，那麼你的成功也就成功在望了。

例如，在推銷商品的過程中，在話語中多說些「請試一試吧」、「讓我們來看看吧」、「隨時奉陪」等一些讓顧客聽了舒服的話語，使顧客有安全感、使雙方之間的關係感覺很親密的話語，這些都能頓時激起他們的購買欲望，這就達到了推銷的目的，也就擁有了成功。

其二就是把話說到對方的心上。我們去自薦，如果讓對方感覺彼此之間「話不投機半句多」，那所求之事也就泡湯了。但如果會說話，讓對方覺得這話很有道理，那局面可就是一百八十度的大轉變。

其三便是說話要表現得尊重和謙恭。有些人總認為自薦是在求人，就得低聲下氣。那些自尊心很強的人往往放不下面子，因此，說的話總讓人覺得變了味，有點蠻橫無理的味道。要切記在自薦時需對對方很尊重和謙

恭，這樣不僅能展現出個人修養，而且還有助於獲取成功。

掌握住以上三點，就大致掌握住了方向，掌控住了通往成功的階梯，但這並不代表因此就可以成功了。在沒有完全獲取成功時，任何疏漏都可能功敗垂成，我們要盡量避免自薦時說話的大忌。

首先，切記不可涉及別人的隱私。每個人都有權利保留自己的隱私，這是不願讓別人提及的。如果我們自以為聰明，自以為了解得很多，在對方面前大談其隱私，那麼他必然會很反感，由此使得彼此關係很僵，以後再對他謙恭也不一定能打動他的心，因為故意去冒犯一個人的隱私，其結果只能是引火自焚、自斷成功。

其次，千萬不要提及別人的傷感事。當人們不高興時，誰都不願意把不悅的原因對一個不太熟悉的人講出來。因此，去求人時，如果發現對方神色不對，可能是因什麼事而傷心或煩心，這個時候我們的事十之八九不能成功。我們千萬不能為了表示自己的關心，而去追究原因。如果對方願意說出來，他自然會說，若是他不想談，我們去探求就顯得失禮了。這只會影響彼此間的繼續交往和交談。因此，在自薦時，一定要察言觀色，能安慰對方就安慰，否則便見好就收。因為在這種突發情況下，對方往往心情不穩定，不恰當言詞容易激怒他。所以，最好對其傷感事採取避而遠之的態度。

最後，切勿提及別人的尷尬事。每逢遇到令人尷尬的事情，我們都會感到無地自容，恨不得找個地洞鑽進去。在生活中任何人都不可能一帆風順，都有尷尬的事。我們所求的人一般會覺得自己的形象十分完美而將自己所經歷的尷尬事深埋起來，唯恐被人見到。而我們去求人，就要十分注意避開這個話題，更不能去揭人傷疤。否則，對方會產生排斥心理，我們就無法到達勝利的彼岸。

總而言之，在自薦過程中，我們不僅要把話說到對方心裡，讓對方愛聽，還應嚴格注意其中的忌諱。

凡事既要有好的打算，又要想到壞的可能，這樣才不至於在處理事情

的過程中經受不了挫折的打擊，或者是因過度的喜悅而飄飄然。自薦也一樣，在說話的過程中，不經意地說漏了嘴，這就會顯得美中不足，如果因為一兩句美中不足的話破壞了整個氣氛，那麼我們可能取得的成功也會失去。「心急吃不了熱稀飯」，自薦時不得心急；「熱山芋吃不得」，必須耐下性子，避免話中出現疏漏。我們尤其要特別注意不能涉及對方的忌諱，只有這樣才可能取得事半功倍的效果。

口才是成功之階梯，既然是梯，就要一階階地往上爬，想一步登天最終只會滾落下來，背離那已接近的成功，還會弄得一身傷。因此，我們千萬不可學豬八戒吃人參果，求功心切，如果那樣，就只有眼巴巴地看別人品嘗成功時的那份閑淡與愜意了。

自薦就宛如吃人參果，須慢慢地品味。運用恰當的說話技巧去傳情達意，這不僅能緩和人際關係，而且可以增進自己與被求者之間的交往，也為以後更深入的溝通做了伏筆。

說話要看對象

俗話說：「見什麼人說什麼話。」如果說話不看對象，不僅達不到自薦的目的，往往還會傷害對方。反之，了解對方的情況，即使發表一些大膽的言論，也不會給對方造成傷害。

《世說新語》有這麼一則故事：有個叫許允的人在吏部做官，提拔了很多同鄉人。魏明帝察覺之後，便派虎賁衛士去抓他。

將要出門的時候，他的妻子趕出來告誡他說：「明主可以理奪，難以情求。」意思是讓他向皇帝申明道理，而不要寄希望於哀情求饒。

於是，當魏明帝審訊許允的時候，他直率地回答說：「陛下規定的用人原則是『舉爾所知』，我的同鄉我最了解，請陛下考察他們是否合格，如果不稱職，臣願受處罰。」

魏明帝派人考察許允提拔的同鄉，他們都很稱職，於是將許允釋放了，還賞了他一套新衣服。

許允提拔同鄉，是根據封建王朝制定的個人薦舉制的任官制度。不管此舉是否妥當，它都合乎皇帝認可的「理」。許允的妻子深知跟皇帝打交道，難於求情，卻可以「理」相爭，於是叮囑許允以「舉爾所知」和用人稱職之「理」來抵消提拔同鄉、結黨營私之嫌。這可以說是善於根據說話對象的身分來選擇說話的絕好例子。

戰國時期著名的縱橫家鬼谷子曾經精闢地總結出與各式各樣的人交談的辦法，其主要意思是說：和聰明的人說話，須憑見聞廣博；與見聞廣博的人說話，須憑辨析能力；與地位高的人說話，態度要軒昂；與有錢的人說話，言辭要豪爽；與窮人說話，要動之以利；與地位低的人說話，要謙遜有禮；與勇敢的人說話不要怯懦；與愚笨的人說話，可以鋒芒畢露；與上司說話，須用奇特的事打動他；與下屬說話，須用切身利益說服他。

我們還可以從其他角度來考慮說話的訣竅。

- 年齡的差異。對年輕人，應採用鼓動性的語氣；對中年人，應講明利害，供他們斟酌；對老年人，應以商量的口吻，真誠地表示對他們的尊重。

- 地域的差異。對於生活在不同地域的人，採用的勸說方法也應有所差別。對中國北方人，可採用粗獷的態度；而對南方人，則應細膩一些。

- 職業的差異。不論遇到從事何種職業的人，都要運用與對方所掌握的專業知識相關的語言進行交談，這樣能縮短與對方的心理距離。

- 性格的差異。若對方性格豪爽，便可以單刀直入；若對方性情遲緩，則要「慢工出細活」；若對方生性多疑，切忌處處表白，應不動聲色，使其疑惑自消。

- 文化程度的差異。一般來說，對於文化程度低的人所採用的方法應簡單明確，多用淺顯語句，多使用一些具體的數字和例子；對於文化程度高的人，則可以採取抽象的說理方法。

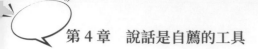

- 興趣愛好的差異。凡是有興趣愛好的人，當提及有關他的愛好方面的事情，都會興致盎然，對說話者無形中也會產生好感，這就會為下一步的遊說打下良好的基礎。

巧妙提出要求的方法

任何人都有獲得別人尊重的欲望，在向別人提出要求時，我們要特別注意使用禮貌語言，維護對方的面子，照顧對方的意願，巧妙提出自己的要求，講究分寸，讓對方在不經意中對我們敞開心扉。

1 · 間接請求

透過間接的表達方式（例如使用能願動詞、疑問句等）以商量的口氣把有關請求提出來，講得婉轉一些，令人容易接受。例如：「您能否考慮將這一任務交給我？」（比較：這個任務非我莫屬！）

透過比較，我們不難看出，間接的表達方式要比直接的表達方式禮貌得多，更容易得到對方的幫助或認可。

2 · 激將請求

透過流露不太相信能成功的想法把請求、建議表達出來，給對方和自己留下充分考慮的餘地。例如：

「您可能也有自己的難處，不過我真的想得到這個能充分施展自己的職位。」

我們請別人幫忙，如果在話語中表示對方可能不具備有關條件或意願，就不應強人所難，對我們而言，也顯得很有分寸。

3・縮小請求

盡量把自己的要求說得很小，以便對方順利接受，滿足自己的願望和要求。例如：「您幫我進入候選人名單我就感激不盡了，其餘的我將自己想辦法解決。」

我們確實經常發現，人們在提出某些請求時往往會把大事說小，這可以適當減輕給別人帶來的心理壓力，同時也使自己便於啟齒。

4・謙恭請求

透過抬高對方、貶低自己的方法把有關請求等表達出來，顯得彬彬有禮、十分恭敬。例如：「您一言九鼎，我希望能在您的大樹下乘點涼。」

請求別人幫助，最傳統有效的做法是盡量表示虔敬，使對方感到備受尊重，樂於從命。

5・自責請求

首先講明自己知道不該提出某個請求，然後說明為實情所迫不得不講出來，令人感到實出無奈，例如：「真不該在這個時候打擾您，但是實在沒有辦法，只好麻煩您一下。」

在人際交往中，在有的時候、有些場合打擾別人是不適合的、不禮貌的，但如果這時又不得不麻煩對方，這就應該表示知道不妥，求得諒解，以免顯得冒失。

6・遲疑請求

首先講明自己本不情願打擾對方，然後再把有關要求等講出來，以緩和講話語氣。例如：「這件事我實在不想多提，但我已在這個職位做了多年，不得不求助於您了。」

在提出要求時，如果在話語中表示自己本不願意說，這樣就會顯得比

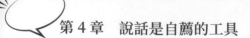

較有涵養。

7 · 述因請求

在提出請求時把具體原因講出來，使對方感到很有道理，應該給予幫助。例如：「與外商談判，一要英語經得起嚴格的考驗，二要熟知對方的底細。我在美國留學 5 年，又在外商工作時與 H 公司有過多次業務往來，因此這次推出赴美與 H 公司進行商業談判的首席代表，我想我是較好的人選。」

在提出請求時，如果把有關理由講清楚，就會顯得合乎情理，令人欣然接受。

8 · 乞諒請求

首先表示請求對方諒解，然後再把自己的願望或請求等表達出來，以免過於唐突。例如：「對不起，我又來麻煩您了。」

請求別人原諒，這是透過禮貌語言進行交際的最有效方法，人們常常使用這種方式來進行溝通，顯得比較友好、和諧。

9 · 順水推舟

工作中，我們常常會有一些要求或條件礙於情面無法說出口，或者怕主管拒絕引起自己難堪，或者怕一旦說出對自己不利，遇到這種情況時就可以採用委婉含蓄的語言表達法，傳其意表其情，迂迴地達到目的。

一年輕人在一家外資企業打工，在較短的時間內，連續兩次提出合理建議，使生產成本分別降下 5%和 3%。外國老闆非常高興，對他說：「年輕人，好好做，我不會虧待你的。」

這個青年當然知道這句話可能意義重大，也可能一文不值。他想要點實在的，便輕鬆一笑，說：「我想您會把這句話放在我的名牌上。」他一邊說一邊指著他名牌上的職位。外國老闆會心一笑，爽快地應道：「會的，一

定會的。」不久，他就晉升為生產廠長！

面對老闆的鼓勵，青年人如果直接提出晉升要求，可能會大煞風景，像年輕人這樣委婉俏皮地提出，不但使自己有面子，更讓老闆欣賞。

10・投石問路

向河水中投塊石子，可以探明水的深淺再前進，這就能有把握地過河。自薦時，先提一些「投石」式的問題，在略有了解後再有目的的交談，便能談得更為自如。如李明在想填補委員會宣傳部長時，問上級主管：「不知宣傳部長的空缺有沒有合適的人選？」採用這一問話的好處在於：不管有沒有人選，都可以把這個話題繼續下去。

說服他人的三種技巧

要使別人心悅誠服地接受我們的觀點和看法，可以採取有效的技巧。

1・讓事實說話

「廠長，您還記得 2 年前我來第三間房擔任主任時的情況嗎？當時，第三間房是全廠 5 個房間裡生產效率最差的一間，每月遲到、早退、曠工也是位居榜首。現在，在我一系列改革措施的激勵下，第三間房從全廠的『老問題』變成了『老大』。我想，我的這套經驗是值得推廣的⋯⋯」

上述一段話是廠房主任小劉為了晉升生產副廠長與廠長交涉的一段話，具有很強的說服力。

2・要堅持不懈

日本理光（Ricoh Company, Ltd.）董事長市村清先生，想說服 M 先生購買該公司新發明的陽畫感光紙，但他聽說 M 先生對這類新發明一向很反感。

市村清先生細心觀察，講話很有禮貌，向其解說藍曬圖如何改變陽畫感光紙，1 次、2 次……6 次、7 次，一再拜訪。有一天，M 先生破口大罵，「我說不行就是不行，要講幾次你才了解！以後，不要再與我們製圖師接觸了。」

市村清先生認為既然 M 先生已經生氣，說明事情仍有轉機，讓他情緒穩定下來就太可惜了。因此，市村清第二日清晨又去了。

「昨天跟你講過，怎麼你又來啦！」

「喔！昨天難得挨罵，所以我又來了。」市村清先生微笑著回答，「打擾你了，再見！」M 先生一下子呆住了，而市村清先生認為對方已經有了反應，達到了一定效果，所以暫時以退為進。

第三天一早市村清先生又去了，「早安！」經過反覆地接觸，M 先生終於被市村清說服了。

3・要重視活用資料

我們生活在數字的世界裡，我們每天所見、所聞與所思的一切，幾乎沒有不涉及數字的。在這種情況下，我們對數位或多或少會產生麻木或厭煩感覺。這樣的感覺是很自然的，數字只是代表事實的一種符號，而非事實本身。在說服他人時運用數位，需要留意兩個要領。

(1) 除非必要，否則不要過多地提出數字。如果拋出的數字過多，不但令對方感到納悶而關閉心扉，而且也會令聽眾覺得缺少人情味，所關心的只是冷漠的數字。

(2) 要設法為枯燥的數字注入生命。要讓數字所代表的事實，能成為一般人生活經驗的一部分。只有這樣，人們對數字才感到親切，同時產生興趣。舉例來說，下面的第一種數位陳述方式若能改為第二種陳述方式，其影響力將顯著加大。

「假如各位接納我的提議，則公司每個月至少能節省 6,745,375 元的開支！」

「假如各位接納這項提議，則公司每個月至少能節省 667 萬元的開支！從另一個角度來說，倘若這項節省下來的開支，能以加薪的方式平均分配給公司的每一成員，則每人每月的薪資將增加 1,000 元！」

學會讚美的藝術

讚美別人、恭維別人，是博取好感和維繫好感的好方法，也是成功自薦的最佳「潤滑劑」，而且這種美麗的言辭又是免費供應的，能夠帶來雙贏效果！

讚美別人最好不要說那些不是出於內心的話。當我們認為這樣讚美最恰當時，那就讚美對方幾句，這就是所謂極好的讚美時機。只要我們的讚美有根據，自己發自內心喜歡並羨慕對方，對方埋藏於內心的自尊心被承認，那他一定會非常高興。

美國著名心理學家威廉·詹姆斯（William James）說：「人類本性上最深的企圖之一是期望被讚美、欽佩、尊重。」渴望讚揚是每一個人內心中的一種基本願望。我們生活在社會當中，要想在善意和諧的氣氛中形成共識，就應該去尋找別人的價值，並設法告訴對方，讓其覺得該價值實在值得珍惜。同時，每一個人對讚美自己的人都能產生好感，因而也就願意為讚美自己的「知己」去辦事，爽快地提供幫助。

所以，在我們每天所到的地方、在與人共事過程中、在求人辦事之前，不妨多說幾句感謝的話、讚美的話、肯定的話，留下一些友善的火花。它們將點燃起友誼的火焰，使我們在各方面獲得友善的回報。

當我們去求朋友處理事情，到了朋友家後，看到客廳牆上一幅色彩明麗的山水畫時，往往情不自禁地讚許：「這幅畫真不錯，給這客廳平添了幾分神韻，誰買的？真是好眼力！」這句話也許是不經意說出來的，但朋友會感到很欣慰，心中的感覺也一定很好。

推銷員更應掌握這一方法,比如:有一位推銷員去拜訪一個新顧客,主人剛把門打開,一隻活潑可愛的小狗就從主人腳邊鑽了出來,好奇地打量著他。推銷員見此情景決定馬上改變事先設計好的推銷語言,他驚喜地說:「多可愛的小狗啊!是進口的名犬吧?」

主人自豪地說:「對呀!」

推銷員又說:「真漂亮,鬃毛都整理得整整齊齊的,您一定天天梳洗吧!真不容易啊!」

主人很愉快地說:「是啊!是不容易,不過牠很討人喜歡。」

推銷員就這條狗展開了話題,然後又巧妙地將話題引到他的真正意圖上。待主人醒悟過來時,已不好意思再將他拒之門外了。

當然,需要強調的是讚美需要誠懇的態度。只有態度誠懇,別人才會對讚美感興趣,才能收到理想的效果。如果讚美毫無誠懇之意,讓人感到虛偽,那麼這樣的讚美還是不說的好。

喬治‧伊士曼(George Eastman)累積了一筆高達 5 億美元的財產,使自己成為世界上最有名望的商人之一。

伊士曼為了紀念他母親而蓋了一座戲院——基爾伯恩劇場。當時,紐約高級座椅公司的總裁魯姆斯‧亞當森希望能得到這兩幢大樓的座椅訂單。他與負責大樓工程的建築師通了電話,約定在曼徹斯特拜見伊士曼先生。

在見伊士曼之前,那位好心的建築師向亞當森提出忠告:「我知道你想爭取到這筆生意,但我不妨先告訴你,如果你占用的時間超過了 5 分鐘,那你就一點希望也沒有了,他是說到做到的,他很忙,所以你得抓緊時間把事情講完就走。」

亞當森被領進伊士曼的辦公室,伊士曼正伏案處理一堆文件。過了一會,伊士曼抬起頭來,說:「早上好!先生,有事嗎?」

建築師先為他倆彼此作了引見,然後,亞當森滿臉誠意地說:「伊士曼先生,在恭候您的時候,我一直在欣賞您的辦公室。假如我自己能有這樣

一間辦公室，那麼即使工作辛勞一點也不會在乎的。您知道，我從事的業務是房子內部的修建工作，我一生還沒見過比這更漂亮的辦公室呢！」

喬治·伊士曼回答說：「您的提醒使我想起了差點兒遺忘的東西，這間辦公室很漂亮，是吧？當初剛建好的時候我也是極為欣賞。可如今，我總是在考慮許多別的事情，有時甚至一連幾個星期都沒時間好好看這房間一眼。」

亞當森走過去，用手來回撫摸著一塊鑲板，那神情就如同撫摸一件心愛之物，「這是用英國的櫸木做的，對嗎？英國櫸木的組織和義大利櫸木的組織就是有點不一樣。」

伊士曼答道：「不錯，這是從英國進口的櫸木，是一位做細木工的朋友為我挑選的。」

接下來，伊士曼帶亞當森參觀了那間屋子的每一個角落，他把自己參與設計與監造的部分一一指給亞當森看，他還向亞當森講述他早年創業時的奮鬥歷程。

伊士曼情真意切地說到了孩提時家中一貧如洗的慘狀，說到了母親的辛勞，說到了那時想賺大錢的願望，以及怎樣沒日沒夜地在辦公室進行實驗等等。

「我最後一次去日本的時候買了幾把椅子運回家，放在我的玻璃日光室裡。可陽光讓它們褪了色，所以有一天我進城買了一點漆，回來後自己動手把那幾把椅子重新油漆了一遍。你想看看我漆椅子這工作做得怎麼樣嗎？好吧，請上我家去，咱們共進午餐，飯後我再給你看。」當伊士曼說這話的時候他倆已經談了 2 個多小時了。吃完午飯，伊士曼先生給亞當森看了那幾把椅子，每把椅子的價值最多只有 1.5 美元，但伊士曼卻為它們感到自豪，因為這是他親自動手油漆的。對伊士曼如此引以為榮的東西，亞當森自然是大加讚賞。最後，亞當森輕而易舉地把事情辦好了，取得了那兩幢樓的座椅生意。

一般來說，面對主婦時讚美她們的丈夫相當困難。比如有些推銷員登

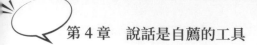

門去拜訪時，丈夫一般都不在家，因而也無從得知他是個怎樣的人。但如果能巧妙地探尋出讚美的素材，就能收到很好的效果。讚美丈夫，就是讚美主婦自身社會性的地位和立場。例如：讚美豪華的家：

「哇，好華麗的家，您丈夫真了不起！」

這樣就是暗中稱讚丈夫的高收入。

打聽其丈夫所在的公司也是好方法，詢問：

「您丈夫在哪裡高就？」

「××公司喲！」用這樣口氣講出公司的名字，大多是足以令人自豪的公司，對此推銷員可以帶誇張地讚美：

「啊，是那家一流公司啊，真了不起，是高級人才呢！」

主婦鄭重地說出公司名字，是平時就為此驕傲的證據。

相反，有的不說出公司名字，或回答很曖昧，例如：

「××區那邊的公司……」

「做印刷的公司……」

這是因為公司沒有名氣而不願說出，這時可以巧妙地說：

「上班很方便啊！」

並且，家中如果有與丈夫興趣有關的對象，例如：高爾夫球、釣魚竿、象棋、圍棋等用具，也可以以其興趣愛好為話題進行讚美。但需注意當夫人對其丈夫的興趣不表現出好感時，不要深究下去。

或者，在沒有任何東西可作為讚美題材時，可以利用事先記住的門牌上的名字：

「您丈夫叫××吧，這個名字很好聽啊！」

女性就是這樣不可思議，自己的結婚對象或戀人要是被讚賞，她就會為此而感到驕傲。

對有孩子的主婦來說，孩子是她們最關心的。能聽到對自己的孩子的讚美，比任何讚美都要令她高興。推銷員在拜訪時，有時孩子在場，有時

不在場，並且根據孩子的不同年齡，讚美的方法也不同。

孩子年齡小同時又在場時：

「孩子真可愛。」

「小孩很健康啊！」

「真聰明。」

最後直接讚美其相貌。

在不明對方性別是男是女的情況下，最好不要說表示性別的詞：「公子」、「小姐」。

以前常用的讚美詞是「長得胖嘟嘟的……」，但現在這句話的意思有指人過分肥胖的傾向，所以盡量避免說這句話。

笑臉迎人表示心胸寬廣，說話風趣則帶有高度的智慧，兩者兼顧就是一種體貼。

自薦的目的就是要獲得成功，所以當我們面對各式各樣的人甚至難纏者，說話總要留有餘地。

對口齒伶俐的人，可以說：「你說話很有邏輯觀念。」

面對耍賴欲終止合約者，可說：「你看起來精力充沛！」

碰到喜歡囉嗦的人：「你很有個性！」

面對狡猾善變者：「你很有智慧，不錯！」

碰到吝嗇的人：「好好！你真是一絲不苟……」

若是面對貪婪的人，不妨說：「你很敏感，神經很纖細。」

對於頑固的人，你可以說：「你很好，是一個有信念的人。」

我們在讚美他人時還應注意避免誤會，注意掌握說話的技巧。

1・因人而異，使讚美具有針對性

讚美要根據不同人的年齡、性別、職業、社會地位、人生閱歷和性格

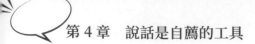

特徵進行。對青年人應讚美他的創造才能和開拓精神；對老年人則要讚美他身體健康、富有經驗；對教齡長的教師可讚美他桃李滿天下，對新教師這種讚美則不適當。

2．借題發揮，選擇適當的話題

讚美本身不是目的，而是為自薦創造一種融洽的氣氛。比如看到電視機、電冰箱先問問其性能如何；看到牆上的字畫就談談對字畫的欣賞知識，然後再借題發揮地讚美主人的工作能力和知識閱歷，因而找到雙方的共同語言。我們要切記：千萬不要用挑剔的口吻，即使看到某些不足，也不必過於認真，以免使對方情緒不快。

3．語意懇切，增強讚美的可信度

在讚美的同時，準確地說出自己的感受，或者有意識地說出一些具體細節，都能讓人感到你的真誠，而不至於讓對方以為是過分的溢美之詞。如讚美別人的髮式可問及是哪家理髮店理的，或說明自己也很想理這樣的髮式。美國前總統羅斯福在讚揚英國前首相張伯倫時說：「我真感謝你花在製造這輛汽車上的時間和精力，造得太棒了。」總統還注意到了張伯倫曾經費過心思的一個細節，特意把各種零件指給旁人看，這就大大增強了誇讚的誠意。

4．注意場合，不使旁人難堪

在多人在場的情況下，讚美其中某一人必然會引起其他人的心理反應。假如我們無意中讚美了某職稱晉升考試成績好的人，那麼在場的其他參加考試但成績較差的人就會感到受奚落、挖苦，這時我們就要尋找某些理由來彌補，如某人複習時間太短、某人出差回來倉促上陣等等原因來挽回他們的面子。

5．措辭適當，不使人產生誤解

在現實生活中往往會出現這樣的事情，說話者好心，而聽話者卻當成惡意，結果弄得不歡而散。我們要盡量使讚美的語意明確，避免聽話者多心。

6．掌握分寸，不要弄巧成拙

不合乎實際的讚美其實是一種諷刺，違心地迎合、奉承和討好別人也有損自己的人格。適度得體的讚美應建立在理解他人、鼓勵他人、滿足他人的正常需要及為人際交往創造一種和諧友好氣氛的基礎上，那種帶有不可告人目的的蓄意迎合是我們所不齒的。

面對異議迎難而上

在我們力圖向別人推薦自己和主意的時候，需要注意一些技巧。

1．要強調自己所帶來的利益

如果我們想兜售主意，不要沒有先陳述它的利益就提議行動起來。假設和老闆說：「我想要接手老劉的業務。」這是想要兜售的主意，但是還沒有給老闆看到這個主意的好處。我們應該強調：「彼特的業務對象的主管是我的同學，我能夠充分利用我和他良好的同學關係，使得這項停滯不前的業務回到正軌上去。」在嘗試推銷任何主意之前，我們要充分考慮能帶到桌面上的全部利益，同時以這一主意的重要結果來向別人建議。

2．探索分歧的原因

當人們試圖推銷主意、點子之類東西的時候，對方肯定會產生天生的抗拒，這就需要減低這種抗拒。當對方提出異議的時候，我們肯定會有所

反應，但是只有在理解了異議背後的原因之後，我們才能做出反應。我們應試圖回答這樣的問題：「他們提出異議背後的原因是什麼？」是他們的想法和你的想法可能對不上。在找到解決方案以前，其實我們已經達到了對這個問題的診斷了。最好的方法就是揭開那些反對意見背後的原因，看看這些原因從何而來。

當對方不同意我們的觀點時，要試圖發現他們表示異議的原因，這是最難應用的推銷策略之一，但是能夠帶來最大的回報。人們有一個自然的傾向，就是在對話中為了盡量消除反對意見，會馬上對它發表一個看法。問題是反對者們在他們表述過自己的觀點以後可能就不會繼續聆聽了，他們一直考慮的是能再說一些看法以堅定他們的異議。為了使他們能把他們的想法和我們的想法連結起來，問他們一個關於異議的問題，也能使我們確切地了解為什麼他們表示反對。我們不得不對其反對刨根問底。假設向一些人推銷一種新的節省時間的工作方法，他們卻回答：「那樣做太複雜了。」如果不知道他們說的「複雜」是什麼意思，如何去反駁他們呢？刨根問底的另外一個益處是我們能表現出對異議很大的興趣。提問是有效的、多用途的推銷工具，我們不妨經常使用它。

3・解釋為什麼要提問

我們不管什麼時候提出了問題，都要說說為什麼要問這個問題。如果只是拋出了孤零零的問題，在聽者的意識裡肯定會冒出另外一個問題，比如：「為什麼他會問這個問題？」當他們沉思著尋找答案時，他們會停止聆聽我們的談論。如果他們找不到提問的原因，甚至會變得惱火。他們可能覺得是在考驗他們，或者他們感到很焦慮，因為這一問題需要他們提供資訊。在拋出問題之前，我們可以先說一句：「讓我來問你一個問題，以確信我已經理解了你剛才說的話。」這樣，就可以排除上面出現的那些問題。除了會根據別人的話得出錯誤的結論這樣的可能外，一般說來，我們表現出了對別人的談話的興趣，對方轉而也會把他們的注意力放到對我們的聆聽上去。

4 · 證明你的結論有理

當我們做出一個結論的時候，要陳述為什麼認為這樣的結論是正確的。如果給出了結論的基礎，將會大大地提高自己的可信度。我們要認知到如果有一些人不知道如何得出這一結論，他們會變得非常多疑，最後甚至會認為我們都不知道自己在說些什麼。為了打消這種疑問，我們可以說：「根據我展示給各位的數字，我相信執行我的想法是非常合適的。你們怎麼想呢？」透過加上「你們怎麼想？」這樣的問題，給了別人一個機會，讓他們選擇同意還是反對這一結論。如果他們不同意，我們最起碼知道他們是抱著異議的，這樣就可以恰當地採取對策。

最好的策略就是使異議讓步。一個有所鬆懈、讓步的異議常常是建立在不堅定的基礎上的，甚至就是建立在假像上的，但我們對此很難判斷。假設那個和我們談話的人說，他不喜歡我們的辦法，因為他認識的人告訴他這一個辦法沒有任何效果。我們就不得不反問他，「你認識的人嘗試過執行我的辦法嗎？他們擁有什麼和我的觀點有關的專業知識？他們給過你為什麼我的辦法沒有效果的具體說明嗎？」一旦發現異議之中遊移不決的地方，我們就可以刨根問底地追究下去，直到說明為什麼這個異議是不正確的。

5 · 事先對可能遇到的問題做好準備

當嘗試著說服某些人接受我們觀點時，可能需要提供資訊來支援。這個可能是一個挑戰，因為我們不知道他們會問什麼問題，而這些問題又需要什麼樣的資料支援。不幸的是，一旦我們的回答在某個環節上出了問題，就會對其他的環節產生消極的影響。甚至如果生意上並沒有出現麻煩，也會削弱推銷的點子的有效性。或許我們需要回答的問題類型和需要的支援資料可以避開這個麻煩。我們可以請那些平時要求很苛刻的同事來進行事先提問，這將會有利於提高和完善我們的陳述。

第 5 章

自薦貴在掌握機會

　　宋太宗時，朝廷發生了「潘楊之案」。「潘楊」指的是潘仁美與楊延昭，一個是開國功臣、堂堂國舅；一個是鎮邊大帥、世代忠良。這個案子在當時是一個燙手的山芋，誰也不敢去接，生怕一時不慎，輕者革職流放，重者凌遲處死、株連九族。

　　當時的晉陽縣縣令寇準卻發現這是一個升遷的好機會，他認為這個案子如果辦好，有望升遷為南太御史甚至宰相，官運亨通。於是寇準果斷地接下「潘楊之案」，並實事求是地公正決斷，深得上下的信任與賞識，為自己鋪平了升官的道路，直至貴為宰相。

　　「幸運之神常前來叩門，但愚昧的人卻不知開門邀請。」很多人以為機會的來臨是敲鑼打鼓、披紅戴綠，來得不同凡響，其實不然。機會的最大特點就是悄悄來臨、稍縱即逝。就像古諺語說的，機會老人先給我們送上它的頭髮，如果一下沒抓住，再抓就只能碰到它的禿頭了。或者說它先給我們一個可以抓的瓶頸，如果沒有及時抓住，再摸到的就是抓不住的圓瓶肚了。

　　可見，機會老人是好捉弄人的。如果我們經常只「碰到它的禿頭」，就要注意「及時行動」四個字。

　　某重型機床廠的技術科長張華，畢業於名牌大學，知識豐富，做事扎實，為人也不錯。他在技術科當科長的幾年中，為廠裡成功完成了多項科研專案的研究與開發工作，深得上級主管部門的賞識。

　　那一年，廠裡主管想在技術科裡挑選一名人才到德國深造。當時廠長找張華談話，暗示他可以得到名額。誰知張華卻一心牽掛科裡正在進行的「精密車床」專案，沒有及時寫報告申請出國深造，讓科裡的副科長王力獲得機會。

　　三年後，王力學成回廠，即任分管生產的副廠長，又過了兩年，正式升任廠長。此時張華仍是技術科的科長，只是技術職務有所提高。

　　機會的臉上沒有寫字，若我們不能從繁雜的事務中識別出機會、抓住機會，那麼我們就將永遠站在河的那一邊。

多數人喜歡順著命運的線索認可自己，這正是少數人得以成功的因素，其實機會對每一個人來說都是平等的，全看你的人生態度。巴爾札克曾精闢地說道：「機會來的時候，像閃電一般短促，如果你在之前沒有做準備，根本來不及抓住它。」

細節成就機會

常常有人長嘆：工作那麼久怎麼總是得不到晉升機會。其實要獲得晉升機會並不難，關鍵在於做到一些細節。

1・上班不要發牢騷

當我們有艱巨的工作任務時，應盡力去做好，不要牢騷滿腹，讓別人覺得我們沒有能力應付這項工作，或覺得我們根本不知從何做起。因為許多公司只會留意並晉升那些不嫌工作量多的人。

2・別讓上司等待在辦公室中

任何人都不要忘記上司的時間比自己的更寶貴，當他給我們一項工作指標時，這項工作比手頭上的任何一個更重要。當他走近你的辦公桌，如果我們正在與別人通話，讓上司等待，哪怕是短短的十幾秒，也是對上司欠尊重的表現。如果電話的另一端是客戶，當然不能即時終止對話，但我們需讓上司知道自己已知道他正在等，例如給他使個眼色，用口型說出：「客戶」或寫張小便條給他。

3・助上司一臂之力

當公司要考慮發展大計的時候，正是我們顯示才華的機會，如果能花時間認真思考，提出一些頗有建設性的意見，上司自然會對我們另眼相

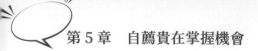

看，被提升也是預料中的事。

4 · 處事不驚

處事冷靜的人在很多時候都會有好處，並得到稱讚，上司、客戶甚至同事都會對處事不驚的人另眼相看。如果時常保持鎮定，心理上可隨時對付難題，自信心也會增強，晉升的機會自然大增。另一方面，一個行為舉止退縮和害羞的人，只會令人對其辦事能力失去信心。處事不驚要講究個人的素養和臨陣考驗，要敢於處理突發的難題，以此提高自己的應急能力，這樣，我們做事就會處事不驚了。

5 · 要有後備計畫

不要以為所有事都如想像的那般順利，無論何時都應做最壞打算。我們最好準備一個隨時可以實施的後備計畫，屆時就不會手忙腳亂。此外，當上司要我們跟隨他出差辦公事，可以替他想想是否有遺漏的物品或資料，而自己也可考慮一下主攻的目標是什麼，他的實施方案是什麼。多準備一些應變的方案，供他參考，這種未雨綢繆的做法可以換來上司的讚賞和信任。

6 · 學會亡羊補牢

當一個重要的報告已經給客戶後，如果突然發現了錯誤，這時我們應當快速地了解情況，查明問題所在，並設法補救。若採取鴕鳥政策，期望問題消失，這只會令自己更加狼狽。

7 · 面帶陽光

沒有人喜歡滿腹牢騷的人，而這樣的上司也只會令他的下屬士氣低落，他們必須轉投到令人振奮和積極的主管麾下。要讓別人覺得自己重要，就要盡量展示燦爛的一面，即使在自己情緒低落的時候，也不能無精

打采。

8 · 在會議中表現自己

　　如果情況允許，選擇會議室裡顯眼一點的位置，不要等待發言機會，因為這機會未必存在，要在適當的時機爭取發言。只說有事實根據的重點，省略不必要的枝節，避免說一些抽象或不切實際的話，例如「我希望」、「我覺得」、「應該會」等等。

爭取機會自我推薦

　　漢武帝即位後，在全國徵請有才幹的人，東方朔得到選拔錄用。漢武帝命他當公車署待詔，職位很低，俸祿微薄。東方朔很想與漢武帝接近，顯示自己的才華以期受到重用，於是他設計出了一個巧妙的辦法。

　　有一天，東方朔哄騙宮中看馬的侏儒們，對他們說：「你們一不能種好地；二不能疆場征戰；三不能為國家出謀獻策，留你們這些人只能是白白浪費糧食，又有什麼用處呢？所以皇帝決定要殺掉你們。」

　　侏儒們聽完東方朔的話，個個嚇得面如土色，全都哭了起來。東方朔勸他們不要哭，應該想些辦法。這些侏儒都用渴望的目光看著東方朔說：「大人能有什麼辦法救我們不死嗎？」東方朔教唆他們說：「皇上就要從這裡經過，你們何不叩頭請罪，以求赦免呢。」

　　不多時，皇帝果然前呼後擁地經過這裡，侏儒們都跪在地上朝著皇上痛哭起來。皇上令手下人問原因，侏儒們回答：「東方朔告訴我們，說皇上認為我們活在世上是無用之人，要將我們全部殺掉。」

　　皇上聽後勃然大怒，心想：這東方朔如此膽大妄為，敢造我的謠，當即令人傳見東方朔，責問道：「你為什麼造朕的謠言，該當何罪？」

　　東方朔終於有了面見皇帝的機會，毫無懼色地說：「我活也要說，死也

要說。侏儒身高三尺，俸祿是一袋粟，錢是二百四十；臣東方朔身長九尺多，俸祿也是一袋粟，錢也是二百四十。侏儒吃得飽飽的，而我卻餓得要命。如果臣東方朔說的都是實理的話，請用厚禮待我；如不可採納，請皇上准許我回家，以免白吃長安的米。」

漢武帝聽後哈哈大笑，弄明白了事情的來龍去脈，遂赦免了東方朔的死罪。不久，東方朔被任命為金馬門待詔，得到了皇帝的重用。

真正的成功者從不等待幸運女神來敲門，因為他們深知機會其實是自己爭取來的。「毛遂自薦」的故事對我們是深有啟發的，它之所以千古流傳為佳話，不僅在於毛遂有才、有智、有謀，主要還在於毛遂不守株待兔、坐等良機，而是利用自己的勇氣和膽量主動爭得了薦才、顯才的機會。歷史上因自薦而被重用的例子不勝枚舉，秦朝時，年僅14歲的上卿甘羅，曾被認為是「嫁不出去的醜女」而後成為齊宣王夫人的鐘離春……。下級欲晉升成功切不可一味等待伯樂上門相才，而要主動爭取施展才華的機會，即使伯樂上門相才，也須以有人顯露才華的跡象為依據，這樣才能相中。

1‧要搶著做最熱門和主管最關心的工作

所謂熱門工作，是指切中社會熱點，被上級主管和本單位同事們普遍看重，對社會進步和經濟發展至關重要的工作。

比如，組織部門的幹部選拔工作、計畫部門的專案審定工作等。通常，熱門工作是由關鍵職位的人員來做的。

但是，在一些特殊的情況下，關鍵部門卻不一定能做熱門工作，非關鍵部門也可以把熱門工作拿到手。

單位的具體工作非常多。這些工作並不一定都是主管所關心的，主管最關心的是那些關係到全域利益的較急、較難、較重的工作任務。

如果我們能以敏銳的觀察力理解一個時期內主管的工作思路，以自己的最大才智和幹勁把主管目前最關心的事情辦好，那麼，無論在業績上還是上下級關係上，我們都能收到事半功倍的效果。

2‧要爭取彙報成績的機會

某局有兩位處長：老李和小王，老李分管的是一個「大」處，事務較多；小王分管的是一個「小」處，事務相對清閒，兩人的工作都十分出色。

局裡每個月都要派老李和小王向市裡有關主管進行例行的工作彙報。老李是個實做派，對此類「嘴皮子上的功夫」不大注重，經常在彙報前準備不足，甚至有時因工作上的事而遲到片刻，所以老李的彙報總是被市裡主管的秘書安排在最後。每次等到老李發言，市裡主管不是哈欠連天就是不停地看錶，催促他「簡單一點，快點說！」

小王對於彙報的態度則與老李有天壤之別：他每次彙報都預先打好草稿，並將要點記在紙上，以免遺忘。他每次都要求第一個彙報。在彙報過程中，他不但談自己的工作，還要把處裡的好人好事表揚一番。

一年後，該局的局長另調它處，局長位置出現了空缺。老李和小王均想獲得這個位置，但最終上級主管決定由小王升任局長。

透過選擇增加機會

挖掘黃金要選一個富礦，想要有一番作為也要選擇一個合適的單位、合適的部門、合適的上司、合適的同事……

1‧選擇合適的單位

正如員工個人一樣，每家公司都有自己的「氣質」。有的凡事推託、辦事效率低；有的則是以賽車的速度前進；有的公司標榜傳統；有的卻喜歡標新立異，不按常理出牌。

我們應該盡量選擇公司文化和自己的個性比較相投的單位。假如一個不拘小節的人，在 IBM 或大銀行做事，一定不能順心，因為他必須穿得無懈可擊，而且嚴守公司的規定。所以，他最好找一家完全不規定員工裝束

的公司，矽谷的電腦公司就認為，規定員工的穿著簡直是在浪費時間。有些激進的公司甚至不反對他們的程式設計師穿著浴袍上班，他們唯一在意的是員工能否把工作做好。因此，現在有許多公司都擬定了彈性上下班時間，甚至工作地點也能隨心所欲。他們只希望員工能如期完成工作，其他的一概自由。然而，還是有許多傳統的公司執著於嚴謹的紀律規範和分明的等級制度。如果想和高級主管商談，一定得先打個電話安排時間，隨意進出他的辦公室是絕對不允許的。

只有選擇了與自己「氣質」相似的單位，才能較快地得到上司及同事的承認。但萬一進入了一家與「氣質」不同的單位，如果仍存在晉升的奢望，那麼，出路只有一條：努力迎合單位的「氣質」。

2‧選擇提拔機會較多的部門

在單位部門的選擇上，應當選擇到那些提拔機會較多的部門工作。例如，過去宣傳部門和工會提拔了不少的幹部，因為當時政治教育和群眾運動曾一度是中心工作。後來，科技部門、組織人事部門出了不少優秀的幹部，因為這兩個部門選人的基準點都很高，平庸之輩一般是進不來的。近幾年，經濟越來越受到人們的重視，因而，經濟部門也是值得進去的一個部門。

3‧選擇上司

馬援是西漢末、東漢初人。西漢末農民起義引起天下大亂，劉秀和公孫述同時稱帝。馬援先見公孫述，兩人本是同鄉，但搞了一套很繁雜的禮儀。馬援看公孫述太修邊幅，天下未定就大講排場，胸無大志、目光短淺，於是說：「子陽（公孫述的字）不過是井底之蛙，而妄自尊大，難以長久！」於是又到雒陽去見劉秀。

劉秀只戴一個頭巾，迎著馬援微笑，十分隨便。談了一會天下形勢之後，劉秀問馬援：「你在兩個皇帝之間遊移不定，難道不覺得慚愧嗎？」

馬援回答說：「當今的時代，不但是君主要選擇怎樣的人才，而且人才也可以選擇誰是自己的君主，像我這樣的人也正是觀察選擇呀，那些自以為是而人才不來投靠者，稱孤道寡都是枉然。我今天遠道而來，陛下怎知我不是刺客和壞人呢？但您從容待我，一點也不猜疑，證明您是像高祖一樣恢宏大度，是真正的帝王！」

於是，馬援最後選擇了劉秀。事實證明，他的選擇是正確的，他的才能有了一個施展的地方，多次立功，被封為伏波將軍，並成為東漢開國功臣。

不過，對於不想跳槽的職場人士來說，上司是不能由自己選擇的。但是，人們同樣可以創造條件去接近心目中認定的比較理想的上司，並疏遠那些不理想的上司。

選擇上司時，不僅需要看上司的思想意識、他們對部下的關心程度及提攜部下的能力等，還要看自己的意願和想法以及興趣。有一些人在工作中追求的是職務的晉升，有的則是追求比較安定的環境，有的是追求比較高的經濟收入，還有的是為了事業的充實，也有的是圖名聲。目的各不同，對上司的要求就不同，選擇上司的標準當然就不一樣。在這裡，提供幾種類型的上司供不同目的的人來選擇。

第一種是年輕有為、才華學識都在平常人之上、前程被人普遍看好的上司。這些人積極上進，對集體榮譽看得很重。在這種上司的領導下工作，除了受累，在個人利益方面可能什麼也得不到。但是，一旦他們被提升，不僅會給我們空出位置，而且還有利於今後的進步。一方面，他日益增大的權力更有利於對我們的提攜；另一方面，他的積極奮進的鬥志和由此帶來的成功對我們的晉升也非常有利。

4・選擇同事

在選擇同事時，應該選擇心地善良、水準比你稍低的人為好。心地善良的人不會加害我們，不會在提升的關鍵時刻腳下牽制，讓我們栽跟頭。

水準低一些可以保持他們對我們的尊敬和信服，顯示我們的高明之處。如果選擇的同事處處比自己強，而且又具有強烈的晉升欲望和競爭性，那麼，在他們沒有得到提拔之前，我們就得永遠步其後塵，越過他是極其困難的。如果兩人水準相當，而且互不相讓，最後的結果必然是兩敗俱傷。在人才流動中，不少人願意從大城市、大機關、大企業等高層部門向鄉鎮、區街等基層部門流動，其原因在於避開強者之間的競爭，尋找發展自己才能的機遇。

沒有機會就創造機會

漢武帝曾下很大決心，要花很大力量抗擊匈奴的侵擾，他要求臣下都要為抗擊匈奴盡力，要他們挺身而出、殺敵立功。為此，他大力獎賞了作戰有功的衛青、霍去病等人，對臨陣怯逃、失節或戰敗的王恢、狄山、李陵、蘇建等，予以嚴厲處治。

西元前 119 年，漢武帝決定命衛青、霍去病率 50 萬大軍從山西定襄出發打擊匈奴。為了鼓舞士氣，漢武帝親自到郎署，那裡的數百武將、郎官一齊跪倒：「願吾皇萬歲、萬萬歲！」

武帝看他們精神抖擻，說：「你們都願意隨軍出征、冒死殺敵嗎？」「願為陛下效力，肝腦塗地，在所不辭！」數百名文武官員一齊喊道。

漢武帝高興地點點頭，心想部下的士氣是多麼高啊！可是，就在這時，忽然聽見從一個角落裡傳來了一聲低弱的、但十分清楚的老者聲音：「小臣年邁體弱，不願出征！」

漢武帝一愣，左右更是大吃一驚，在這樣的氣氛下說不肯上陣，這要處死罪啊！

漢武帝問：「你是做什麼的，叫什麼名字？」

那老者白髮蒼蒼，行動蹣跚，走過來向武帝叩頭：「小臣顏駟，年已 61

歲，江都人氏，從文帝時代就在署下為小郎了。」

武帝遲疑一下，問道：「卿年逾花甲，為郎幾十年，為什麼不得提拔、升遷呢？」

老顏駟說：「陛下容稟，恕臣直言：小臣歷來想忠貞報國，何嘗不希望建立功名？臣已歷經三代了，但都不逢時：文帝好文而臣好武，景帝好老而臣年輕，陛下您呢，喜歡提拔、重用少壯之人。可是臣已經老了，所以三世都不得重用，不是我不圖長進，大概是命該如此罷了！」

武帝聽了顏駟的陳述，深有感觸，嘆了口氣，同情地說：「光陰如水，轉眼百年，一個人一生能有多少時光，有賢才不知，知而不重用，以至使你大半生為郎，這都是作人主的疏忽啊！」接著，武帝又說：「顏駟白髮皓首，辛勞多年，他不願隨軍出征，恕他無罪。」他又轉臉對顏駟說：「你這樣大年紀，懷志不遇，我命你為會稽都尉，趕快準備赴任吧！」

顏駟年過花甲仍碌碌無為，全因缺少一個施展自己的舞臺。值得慶幸的是，他終於在垂暮之年主動為自己創造了一個建功立業的機會。

其實，有沒有機會，關鍵在於主觀態度。機會不可能無緣無故地從天而降，機會也不可能像路標一樣，就在前面靜靜地等著我們。機會具有隱蔽性，是隱藏著的；機會具有潛在性，等待著開發；機會具有選擇性，只垂青那些在追求中、動態中、捕捉中的人。

這裡有一點十分關鍵：是被動、消極地等待機會，還是主動地去追求？等待機會不像等待班車，到整車就來，而是要看等待機會的狀況如何。是不是碰上了機會、是不是捉住了機會、是不是錯失了機會，是不是再也沒有機會，這些都是一種現象。而實質問題在於我們是否在認真地準備著、在刻意地追求著。有許多人看起來好像沒有機會、沒有前途，但是偏偏就有一天發生了轉折，他們便獲得了機會。其實，許多成功者都曾有這樣一種經歷和體驗。

愚者錯過機會，弱者等待機會，智者掌握機會，強者創造機會。身為強者的我們，只要慎重地在職場播下創造機會的種子，就有可能收穫機

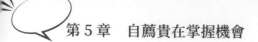

會。我們不妨悄悄地散播一些傳言。

傳言一：「他被很多獵人頭公司覷見」。這就如俗語說的那樣：「瘦田沒人耕，耕開有人爭」，如果我們被另一家公司垂青，身價自然倍升。這時，只須對同事簡單地說：「我接到某某公司某先生的電話，你認識他嗎？」對方自然會問一些關於該公司的事，在這種情況下，我們可以照直說出來。

假如沒有其他公司的垂青又怎樣辦？那我們可盡量增加與其他公司的朋友或工作夥伴的約會。就算只是吃午餐，也別忘記悉心打扮，這樣便很像是「獵人頭公司」的目標了。

傳言二：「他認識很多權威人士」。如果我們希望在行業內扶搖直上，就應了解公司的高層，以及這行業來自世界各地的權威人士。

這並不代表要與那些重要人物約會，我們可以多閱讀行內的雜誌，使自己熟悉他們。然後便可與同事提及這些重要人物的背景和軼事，在適當的時機還可能接觸這些人物，別忘記掌握任何一個讚賞上司的機會。在旁人眼中，他們是不易分辨你和這些重要人物的關係是否密切的，最重要的則是你與這些重要人物的名字扯在一起，成為了辦公室中的話題。

下一步是要懂得挑選合適的時機和態度，如果常常提及那些重要人物，很可能會被人識破，甚至覺得討厭。所以我們一定要注意讓別人覺得自己是謙虛的，例如指出能和某某先生合作真是幸運，並能從他身上學到很多東西。當編輯的章傑就曾在一次見習面試時提及他與著名的某某編輯共事，這令他得到寶貴的經驗。而事實上，他只是實習編輯，而與某某先生的接觸只是為他端咖啡而已，但章傑終於獲聘。

傳言三：「他是多才多藝的」。當別人知道某人有多方面的才藝，會覺得他是一個全能的人。因此，如果我們在美術、運動、社會服務方面的表現突出，這樣可塑造自己良好的形象，成為一個創作力豐富、引人注目和有愛心的人。

25 歲的助理編導王曉莉在音樂方面很有造詣，這也為她帶來更多工作機會。當她的上司聽到她的樂隊的彩排時，便對她表示稍後將邀請她作為

表演嘉賓。

　　我們也可以將自己的作品展示在辦公室裡，以引起別人的注意，如果夠幸運的話，我們可能還有機會與公司高層展開對話。

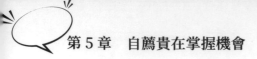

第 6 章

晶格決定成敗

　　說到成功，人們常常最先想起的是：聰明、勤奮、機遇等等。其實品格往往在人們沒有意識到的時候就決定了一切。

　　法國銀行大王萊菲斯特年輕時，有段時期因找不到工作賦閒在家。有一天，他鼓起勇氣到一家大銀行找董事長求職，可是一見面便被董事長拒絕了。

　　這種經歷已經是他的第 52 次了。萊菲斯特沮喪地走出銀行，又不小心被地上的一根大頭針扎傷了腳。「誰都跟我作對！」他憤憤地說道。轉而他又想，不能再叫它扎傷別人，就隨手把大頭針撿了起來。

　　誰想，萊菲斯特第二天竟收到了銀行錄用他的通知。他在激動之餘有些迷惑：不是已被拒絕了嗎？

　　原來，就在他蹲下拾起大頭針的瞬間，董事長看在了眼裡。董事長根據這小小的動作認為這是個謹慎細緻而能為他人著想的人，於是便改變主意僱傭了他。

　　萊菲斯特就在這家銀行起步，後來成為法國銀行大王。

　　萊菲斯特的機遇表面上只是拾起一根大頭針，是偶然的一件事情。但實際上是他可貴的品格賦予了成功的可能，所以培養良好的品格是自薦者應該時刻注意的事情。

　　高尚的品格，是人生的桂冠和榮耀，是一個人最寶貴的財產。它構成了人的地位和身分本身，彰顯了一個人的信譽。它比財富更具威力，使所有的榮譽都毫無偏見地得到保障。它時時可以對周圍的人產生影響，因為它是一個人被證實的信譽、正直和言行一致的結果，而這比其他任何東西都能更顯著地影響別人對他的信任和尊敬。

　　20 世紀法國傑出的作家和社會活動家羅曼‧羅蘭說：「沒有偉大的品格，就沒有高尚的人，甚至也沒有偉大的藝術家、偉大的行動者。」在我們的現實生活中，只有依靠高尚的品格，才能與人共事，才能建功立業。所以，我們要提高自己的處事能力，必須提高自己為人處世的道德素養，加強品德修養，以德感人，以德服人，這樣才能使自己

在辦事過程中左右逢源，得心應手。

人總不能依靠外表的修飾來增加自信，因為這樣的信心既不真實，同時更無法持久。

高尚人格成就事業

莫洛原是紐約摩根銀行的董事長兼總經理，後來又擔任美國駐墨西哥大使，然而就是這位大名鼎鼎的莫洛，他最初不過是一個小法庭的書記員而已，後來他的事業得以如此驚人的發展，究竟靠的是什麼法寶呢？

原來摩根挑選莫洛擔任這一要職，不僅是因為他在經濟界享有盛譽，而且更多的是因為他的人格非常高尚。

範登里普出任聯邦紐約市銀行行長時，他挑選手下重要的行政助理，首先便是以人格高尚為遴選的重要標準。

傑弗德從一個地位卑微的會計，步步高升，後來美國電話與電報公司（AT&T Corporation）總經理。他常對人說，他認為人格是事業成功的最重要的因素之一。他說：「沒有人能確切地說出『人格』是什麼，但如果一個人沒有健全的特性，便是沒有人格。人格在一切事業中都極其重要，這是毋庸諱言的。」

摩根、範登里普、傑弗德等領袖人物，如此看重人格，認為一個人的最大財產，便是「人格」。那麼，人格究竟是什麼呢？它又是怎樣發展的呢？

對此，一位成功的企業家有這樣一段話：「拿工商界來說，我們的一生當中，沒有一天不是在當職員。我們對我們的顧客、上級以及日常接觸的人出售我們的思想、計畫、精力和熱誠。天天忠誠地做職員，這便是我們的人格所在；出售我們的思想、計畫、精力和熱誠，這便是我們的人格的發展。」

　　這樣看來，人格可以理解為對他人推銷自己所取得的效果的總和。假使我們善於出售自己，對方喜歡我們的思想和計畫，那麼我們便是具有美好人格的人。

　　一位有名的商店經理曾經說：「有些人天生就有與人交往的天性，他們無論對人對己、處世待人，舉手投足與言談行為都很自然得體，毫不費力便能獲得他人的注意和喜愛。可有些人便沒有這種天賦，他們必須加以努力才能獲得他人的注意和喜愛。但無論是天生的還是努力的，他們的結果，無非是博得他人的善意。而那獲得善意的種種途徑和方法，便是人格的發展。」

　　只有健全的人格，才能獲得人們的喜愛和合作。因此，世間凡是智者賢能，都善於把人格的特徵極力地表現出來。但我們還不能忽視一些特例情況。有的時候，有些人即使與我們偶爾相識，只有一面之交，也能引起我們的注意，使我們喜悅，這是什麼道理呢？他如何打動我們，使我們善待他們，原因何在？

　　賀華勃說：「這是一種不可言喻的兩情相悅，它給予我們的，猶如芳香給予花兒一樣。」這就是說人人自身可修養的人格，存在於人人都具有的「不可言喻的美」的背後。

　　這種人格，或許是我們看見的他們的目光，或許是我們看見的他們的微笑，或許是我們看見的他們的舉止言談。如果把這些「人格」聚在一起，我們便得到一個印象，一個結論：他們很得別人的喜歡，使別人饒有興趣。我們在不知不覺之中，便會和他們接近，成為朋友。在這過程中，不但我們提高了自我，而且也發展了人格。

　　這些令我們喜歡的「人格」特徵，是他人身上放射的一種魅力。許多人，無論他們的相貌是否英俊，都具有這種人格的魅力，具有令人尊敬、愛戴的凝聚力。那些真正具有領導才能的人，也應是這種人格魅力使然。

　　獲得人格的魅力是人們共同追求的一個目標，歸根結柢就是對別人要有發自內心的興趣。

　　社會上有許許多多的人，明顯缺乏的便是這種對人的興趣，其原因在於他們在應酬人際關係的人生舞臺上既不具備天生的人格魅力，又不去努力。他們漠視人生，這就好比那些打桌球的人，不精於打；玩高爾夫球的人，不精於玩，結果總是輸家。在人生的舞臺上，這些人應當學會重視人生。

　　沒有人能強迫我們對別人發生興趣，但是我們自己應該有選擇地建立起令別人感興趣的「魅力」。只要我們多加留意，明白我們應該怎麼做、不該怎麼做，小心地與別人周旋，就能發揮出健全的人格威力，成為具有魅力的、得人好感的贏家。

　　如果我們處事不驚，應對有方，在待人接物中處處制勝，那麼，我們對個人的興趣，便自然而然地滋長了，我們的特性和自信心也一步步增大了。在這樣的情況下，一面留心他人的人格，一面發展自己的人格，便不足太難的事情。

　　如果我們對他人的同情心日漸滋長，人們的真正需要和感情便可一目了然。著名汽車大王福特曾說過：「了解的最好方法，便是與人要好。」

　　上面所述的種種吸引別人好感的方法，只要我們在日常生活中按照它們去做，不僅能解決我們日常碰到的難題，而且能使我們對人的興趣格外濃厚起來，我們內心的熱力，也會因此格外緊張起來。這種熱力是個人魅力的源泉，只有依靠這種熱力，我們的策略才能獲得效果。

　　要想發展人格，我們還必須懂得，個人的人格魅力，完全是由對他人具有深厚誠摯的興趣和發自內心的喜愛所至。把這種魅力發展起來，工作辦事既可處處制勝，對人的興趣也會自然地滋長，吸引人們的能力也隨之增強起來。

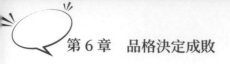

誠、信、寬是人的重要特質

《鋼鐵是怎樣煉成的》作者奧斯特洛夫斯基（Nikolai Alexeevich Ostrovsky）說過：「所謂友誼，首先就是真誠。」人與人之間交際，如果心懷鬼胎，相互戒備，「逢人只說三分話，絕不全拋一片心」，那只能是「話不投機半句多」，辦不成任何事情。只有真誠，才能使對方從心理上確立安全感與信任感。

美國有個叫諾爾曼·安德森的心理學家，曾列舉出 555 個描寫人的特質的詞，如真誠、可信、熱情、固執、覷腆、孤獨、貪婪、冷酷、裝假等等，讓大學生們挑選。結果在 8 個評價最高的形容詞中，有 6 個與「真誠」有關，它們是真誠、誠實、忠誠、真實、可信與可靠。而評價最低的是說謊與裝假。由此可見，真誠可信的人最受人歡迎，自薦最易成功；虛偽裝假的人則不容易得到人們的認同，很難謀求到心儀的工作。所以，我們在生活及工作中，一定切記：巧詐不如拙誠。

1·誠

所謂「誠」，就是對待別人要誠實、誠心、誠懇。誠實就是對人要講真話，是成功自薦的重要因素。相互開誠布公、實實在在，才能建立信任感與安全感。一些人好出風頭、喜歡炫耀自己，或故弄玄虛、擺「花架子」，常常會使人生厭。

誠心就是要有真心誠意。當朋友在工作中取得了成績、在事業中得到了成功，你不應該漠不關心，更不應妒忌，而是要由衷地感到高興，同朋友一起分享歡樂。當朋友遇到困難或遭到挫折的時候，你不能嘴上一套、背後一套，而是要真心誠意地關心他、幫助他，使他奮進、幫他成功。誠心是交往進一步深化的基本心理動力。

誠懇指交往的態度。所謂「精誠所至，金石為開。」對於朋友的缺點和錯誤，我們要誠懇地指出；對於在交往過程中處置不妥的地方，也要誠懇地

做出自我批評。誠懇的態度是使交往進一步發展的「助燃劑」。

2・信

「信」是指交往過程中要有信用。「人無信，不可交。」交往時對人應「言必信，行必果」：已經答應對方的事，要盡量做好，做不到的事絕不要空許願；講過的話、做過的事，要敢作敢當，不要遇到麻煩就推給別人，更不要一旦發生失誤，先推諉責任於他人。一個人如果失信於他人，無疑降低了自身的信譽，必然導致交往的失敗。可見，守信用是一種重要的品格。

3・寬

「寬」是指交往時對待他人要寬宏大量，也就是要「寬以待人」。斤斤計較可能會在物質上得到一些便宜，但他失去的是使交往進一步深化發展的可能性，而這止是最珍貴的。「所取者遠，必有所待；所取者人，必有所忍。」交往要以大局為重，除非某些原則問題，不要因為對方在交往過程中的差錯而改變自己的熱情與友好態度。只有這樣，才會贏得對方的尊敬、交往的成功。對於前嫌、誤會、歷史的恩怨，如果我們態度超然、以胸懷寬闊的大家風範處之，這也有利於加強團結、穩定大局、促進事業的發展。

要培養自己具有真誠的品格，我們必須從平時做起，提倡自我開放、學會自我解剖、懂得自我調節。我們要選擇最好的時機公開自己的觀點，並觀察對方的反應，如沒相應回饋，就應自我解剖原因，因而加強自身修養、提高自我。

是非面前要清楚

大事當前，孰輕孰重；是非面前，誰對誰錯，這不能有半點含糊，我們不能被眼前利益或個人利益誤了大事。

據《史記‧魏公子列傳》記載：魏國的公子在趙國一住就是 10 年，不回魏國。秦國得知魏公子在趙國，於是日夜出兵攻打魏國。魏王很著急，忙派使者到趙國請魏公子回來。誰知魏公子一向剛愎自用、自尊心極強。他自認為在諸侯中有相當威信，狂妄自大，聽不進勸告。他看見使者，很不高興，對手下人說：「有誰再來替魏王勸我回去，我就殺了他！」

這樣一來，魏國許多有才華的人紛紛背叛魏國，跑到趙國去，沒有人再敢勸魏公子回國。

這時毛公和薛公二人自告奮勇來見魏公子，對他說：「公子之所以在趙國受到器重，在各諸侯中享有盛名，就是因為有魏國的存在。現在秦國攻打魏國，魏國形勢危急，你卻置之不理，讓秦國攻占你的祖國，你自己的祖廟要被夷為平地，還有什麼臉見天下英雄？」

話沒說完，魏公子慚愧得臉色都變了，立即駕車回國。

古諺說：「皮之不存，毛將焉附？」一個人失去了自己的根基靠山，他立足於世的利益也將不復存在。魏公子之所以立即回國，就是因為他終於懂得了這個道理。

春秋時期，公孫儀曾任魯國的宰相，他很喜歡吃魚，國內的人都爭著買魚獻給他，公孫儀卻一概不接受。他弟弟問他：「你既喜歡吃魚，為什麼又不要呢？」公孫儀回答：「正因為我喜歡吃魚，所以才不接受別人送的魚。如果接受了別人的魚，必然要按別人的意願辦事，那就可能觸犯法律；觸犯法律，就會被免去宰相；免去宰相，雖然喜歡吃魚還會有誰給你呢？不接受魚而不被免去宰相，這樣，雖然沒有要別人的魚，但卻能長久地自己買魚吃。」

公孫儀在身居宰相高位時仍能做到頭腦十分清醒。他能辯證地意識到只有不吃別人的魚，才能真正長遠地靠自己吃魚。世上不知有多少人沒有公孫儀這份智謀，見小利而忘義，結果被別人牽住了鼻子。特別是一些已取得一定地位和成功的人，由於權力和影響超出常人，人們對他們一般都是有所求的。一些居心叵測的人當然會蓄意逢迎、投其所好。如果他們沒

有掌控自己，貪圖小利，成了別人的工具，那麼做出違法亂紀之事就不可避免。

言必信，行必果

受歡迎的人，常用各種方式把他們的特點展現在人們面前，其中就經商辦事而言，最顯著的特點便是任何時候都應守信、遵約。

守信，是中華民族的優秀傳統之一。自古以來，華人都十分注重講信用、守信義。清代顧炎武曾賦詩言志：「生來一諾比黃金，哪肯風塵負此心。」這表達了他守信的處世態度和內在品格。華人歷來把守信作為為人處世、齊家治國的基本品格，言必信，行必果。

日本商人藤田田曾寫過《猶人人賺錢絕招》一書，記載了他有一次和猶太人打交道的經過：1968 年，美國某公司向他訂購 300 萬把餐刀和叉子，交貨期為 9 月 1 日，交貨地點是芝加哥。藤田找到一家日本廠商趕製這批訂貨，但該廠家延誤了完成的日期。藤田考慮到這是與美國的猶太商人做買賣，失約一次，猶太人絕不會再信任自己，於是決定以昂貴的空運按期交貨。租一架飛機飛往芝加哥需要 3 萬美元，以此來運 300 萬把餐刀和叉子明顯不合算，但他還是租了一架波音 707 貨機飛往芝加哥，按期交貨。由於他信守合約，該公司又向他訂購了 600 萬把餐刀和叉子，這批貨的製造廠家又不能按期完成任務，於是藤田只好再次租用飛機送貨。兩次租用飛機使藤田在經濟上蒙受了極大損失，但卻換來了猶太人對他的高度信任。

藤田不顧個人經濟損失，兩次租飛機運貨，恪守合約規定，這消息很快傳遍世界各地的猶太人，他們都舉起大拇指稱他為東京「銀座猶太人」，意即日本唯一遵守契約的商人。出於信任，向他訂貨的猶太人越來越多，他的生意也越來越興隆。

信用是經商的生命線，受別人信任、有守信的形象，人們才願與之交往。信譽至上也是辦事的重要原則。

講信用、守信義，是立身處世之道，是一種高尚的品格和情操，它既展現了對人的尊敬，也表現了對自己的尊重。在社會交往中，如果我們真能主動幫助朋友辦點事，這種精神的確是可貴的。但是，辦事要量力而行、說話要掌握分寸。諾言能否兌現不僅有自己努力程度的問題，還存在客觀條件的因素。有些在正常的情況下可以辦到的事，後來由於客觀條件發生變化，一時完成不了，這種情況也是有的，這就要求我們在朋友面前，不要輕易許諾。明知辦不到的事，就應向朋友說清楚，要相信朋友是通情達理的、是會原諒的。

老子曰：「輕諾必寡信」。處世為人之道，大概沒有比誠實守信、取信於人更為重要的了。一個人的言行舉止，時刻不能放棄這個根本。與人交往時，只要有這個根本存在，只要別人還信任你，其他方面的缺陷或許還有補償的機會，但若失去了這個根本，想辦成什麼事就困難了。

信譽實際上就是辦事的本錢，就是一種良好的處世形象。當前的市場環境中，很多企業、個人不以「誠信為本」、不遵守人們公認的道德規範和競爭規則，人們評價他們「除了造假，不知他們還能做什麼。」加入 WTO 後，我們與外國人打交道的機會越來越多，環境必然越來越規範，機會必然越來越平等，競爭必然越來越殘酷，制裁也必然越來越嚴厲，「誠信為本」就必須被突出重視。

重視自己的尊嚴

芝加哥一位有名的銀行行長史蒂芬曾將尊嚴列入成功的因素之中；另一位銀行家藍斯頓也明確指出：「尊嚴是我僱傭人才時 3 大要素中最先注意的一點，因為一個人端莊威嚴的儀表，能使人倍加崇敬與信任；一個唯唯諾諾、邋裡邋遢的人，會使人生厭，估計他更無創新知識。」

因此，重視自己的尊嚴，了解並珍惜自己的真正價值，熟悉自己的權力，並隨時注意維護，這是一種很高明的策略，也是保證自薦成功的一種

利器。

如果一個人不能顯示自己應有的尊嚴，別人不但不會輕易地信任他，而且很有可能懷疑他的能力。如果一個人連自己都保護不了自己的利益，別人又怎敢輕易將大權交給他？

下面的幾則例子足以讓我們去體會何為「尊嚴」。

當愛迪生還在鐵路上做糖果小買賣的時候，人家便說：「這小孩的莊嚴的確令人起敬。」

羅斯福原來是個很熱衷於公共事業的人，在離開紐約州議會以後，寧願獨居在他的牧場上，也不願意再任紐約市衛生局長，因為他認為這是有損他尊嚴的。

尼克森總統卸任後，願意再做他的農場主，而不願再去插手政壇或做其他事，這也是他的尊嚴所在。相反，不少政壇上的偉人離任後仍然進行著非職業和委任範圍內的社會活動，或許，他想進一步地標識自己，可結果剛好相反，人們不再像當年崇拜偶像一樣地崇敬他，而是認為他多此一舉或者別有用心。

華盛頓深沉的外表對他的事業發展有過不少裨益。他除了有博人的胸懷、能容忍別人的輕視外，還會很敏捷地維護自己的尊嚴。只要有恰當的時機，他便能巧妙地施展他的威嚴。在法蘭西戰爭和印第安戰爭中，他毅然將一位陸軍上校革職便是其中一例，因為他知道在任何英國軍官的面前這位上校的智謀、勇敢都不會超過他們。

不過，還要提醒世人注意的是，圍繞著「尊嚴」還存在著不少的選擇和陷阱。只要我們稍稍留心，就會看到周圍有許多固執、誇張、驕傲、目空一切的人，以為自己有了不起的尊嚴。其實，他們完全不懂得尊嚴的含義，僅僅是夜郎自大、故弄玄虛而已。結果是，他們不僅得不到應有的注意和信任，反而增加了別人的輕蔑和厭惡。

舉個例子說，一位商人，本來平庸不堪，也知道自己的分量，卻硬是用一種愚蠢的方法去支撐自己所謂尊嚴的空架子。有一位客人因業務上的

關係，想與他進行商談，可他卻在辦公室裡走來走去，隔了好久，他也不與客人打聲招呼，甚至都不請對方坐下，很是自命不凡。最後，這位精明的客人很生氣地離開了他的辦公室，他因此損失了一筆不小的交易。

真正能超越自我、揚長避短及克敵制勝的成功人上從不犯這種錯誤。他們深深懂得在維護自己的尊嚴、使用自己尊嚴的同時，去善解人意、保護別人的自尊心。並以此獲得別人真正的賞識、支持與擁護。

尊嚴不能強作莊重、假作威武。與慈善一樣，它也是起源於對己的自重和對人的真摯。林肯總統很威嚴，並善於使用自己的尊嚴，但他在總統府裡卻時不時鬧出許多笑話，而這正使他與下屬融為一體，表示出他慈善的一面。

總之，將尊嚴與慈祥和善意結合起來，這便是成功自薦的要素，也是成就事業的法寶。

第7章

做一個有風度的自薦者

　　風度美是一個人高層次的美，它能使他人心生敬慕、終身難忘；它是心神的凝聚、生活的靈秀。

　　優雅的風度是內在素養的展現，它能從人的言談、行為、姿態、作風和表情中表現出來。

　　有人認為，風度美來自心靈美，這並不完全正確。心靈美是指人的思想品格高尚，屬於內在美；而風度美雖受內在美制約，但卻是透過行為表現出的一種神韻，屬於外在美。事實上，有的人雖心靈美，卻不一定有良好的風度，這是因為風度美很多時候有其相對的獨立性，有自己獨特的表現形式和規律，用心靈美代替風度美是行不通的。

　　優雅的風度究竟從何而來？

　　它來自於言行、修養、心靈和人的知識與才幹。風度是一個人內在素養的外在展現，但是，良好的風度又必須以豐富的知識與涵養為基礎。風趣的語言、寬厚的為人、得體的裝扮、灑脫的舉止等等，無不展現著一個人內在的良好素養。如果我們有豐富的知識，而且運用起來得心應手，思維敏捷、深刻而又獨創，那麼優雅的風度就會隨之而來。

　　良好的風度就像通行證，可以讓我們在許多場合暢通無阻。擁有良好的風度的人，即使身處險境，也隨時隨地會受到他人的提攜，不用付出太多就可以享有一切。他們在哪裡都能讓人感到陽光一樣的溫暖，到處受到人們的歡迎。

　　別人身上那些被我們嘲笑的惡習，其實也正在我們的內心嘲笑著我們自己。

　　別敗在形象上

　　在本書第1章中，本人講過自己曾因不注重自身形象而導致在一場志在必得的求職面試中尷尬退場的故事。事實上，在生活中，這樣的例子不勝枚舉。從中我開始懂得，大多數人都有以貌取人的心理，外在打扮決定一個人在大眾心目中的形象，在別人不大了解的前提下，

常常會根據外在形象判斷對方的身分、地位。如果給別人的形象不好，人們就不會認可他。

外在形象對自己和他人都有極大影響，決定著別人對自己的看法。從理論上說，看人應該看一個人的本質、聰明才智，而不是他的外表與穿著。但人們絕不要被這些理論所迷惑。人們總是以儀態表情作為評價對方的基礎。外表是評價的第一基礎，這種第一印象，將對他人產生極大的影響。確實，從實踐中我們可以觀察到，人們對一個人的看法與其外在形象乃至衣著關聯極大。穿戴講究的人，表達的是一種積極的形象。它告訴人們：「這是一個重要人物，精明、欣欣向上並可以信賴，值得尊重、欽佩。他尊重自己，我們也應該尊重他。」那些衣衫襤褸的人，他們的形象告訴人們的卻是消極的東西：「這是一個景況不佳的人。他也是一個粗心、無效率、無足輕重的人；他不需要特殊的考慮，已經習慣於被動地生活。」

可見，一個人的「包裝」越好，將越易讓他人接受。保持一個良好的形象是為了別人，更重要的是為了自己，使自己覺得處於最佳狀態。如果外表使我們覺得自己低人一等，那麼我們就會低人一等；形象使我們覺得渺小，那麼我們便會變得渺小。形象的良好，會對思想和行動發揮良好的影響。

打扮的五個原則

當今社會尤其講究以包裝出色，良好的個人形象就是一個人的包裝，它有助於提升自己的「價位」。

英國美學家埃德蒙‧伯克（Edmund Burke）說：「凡是美的，都是和諧的和比例合適的。」怎樣打扮才能做到「和諧」和「比例合適」呢？

1·打扮要與個人的體徵相協調

　　服裝的和諧美，除了主要修補體型的比例失調外，還應從款式、色彩方面進行修補。比如，窄肩體型可穿著寬蝙蝠衫之類寬鬆的上衣；粗腰圓體型者，可選用套衫、開衫之類款式等。服裝的和諧統一，還在於與穿著者的年齡、性格、職業、膚色、地區、風俗習慣等相稱。

2·打扮要與周圍環境相協調

　　這裡說的環境是人際交往的社會環境，即所謂場合。場合不同，穿戴應有所區別。如果失之檢點，不僅有損儀表，還有失禮之嫌。比如，親友結婚我們去恭賀，穿著就要華美，男的要刮鬍子理髮，女的可適當化妝，衣裳過於素淡則與氣氛不協調；如果參加喪禮，裝束要與沉痛肅穆的氣氛相協調，一般以著素為妥，不能穿色彩鮮豔的新衣服。只有打扮與周圍環境相協調，才會給人一種美感。

3·打扮要符合職業身分

　　教師要透過服飾樹立起端莊、穩重、富有智慧的形象，服裝要典雅、大方。律師要透過服裝給人一種濃厚的權威感，女性切忌把自己打扮成可愛、輕佻或無助虛弱的形象。對於辦公室職員而言，男性的服裝應該嚴肅、穩重，以顯示男子漢在事業上的追求；女性也不能穿過於豔麗、時髦的服裝。

4·打扮要符合單位形象

　　有些單位可能對職員穿著有嚴格規定，比如男性必須穿西服，女性則必須穿套裝等，以此來反映良好的公司形象，因此在購買服裝時一定要考慮到這一點。

5・打扮要符合你的個性

　　從裝束上可以看出一個人的好惡取捨、性格特徵，即所謂的「視其裝而知其人」。在符合這兩個要求的基礎上，穿著還應該符合自身個性，切忌盲目模仿他人。

第一印象多來自於衣著

　　美國勃依斯公司總裁海羅德說：「大部分人沒有時間去了解你，所以他們對你的第一印象是非常重要的。如果你給人的第一印象好，你才有可能開始第二步，如果你留下一個不良的第一印象，你必須花費更多的時間才可抹去壞印象。」

　　商業中的第一印象非常重要。企業家的服飾會直接對社交中的第一印象產生重要的影響。

　　一位企業家這樣說道：「在商界，企業家最初的合作看什麼？其實很大的成分看衣著。有一次，我想開發一種新的產品，一位朋友為我介紹了一個合作夥伴。見面的那天，他穿著西裝，裡面沒穿襯衫，只穿了一件圓領衫，手裡還拿著一支手機。

　　我當時看著就很彆扭。西裝是多麼正式的穿著，他卻穿了件圓領衫來配，還拿著手機。這是典型的暴發戶形象，我當時就決定不與他合作。後來，朋友說，他真的很有錢，而你正缺錢。我說，我缺錢不假，可是合作夥伴是怎樣的人才是主要的。他出錢，他要參與，要管理，要與我共同決策，他的水準直接影響到我的生意，所以我不選擇他。」

　　這位企業家僅憑第一印象選人，這種方法是對是錯姑且不論，但從中可以看到，第一印象確實非常重要。觀察人的規律是由遠及近，由視覺觀察到聲音交流，再到皮膚感覺（如握手、擁抱）。一個人穿著衣服、戴著帽子，令人遠遠地看著就覺得彆扭，許多人心中便會產生一種反感。在人們

的印象中，修養較高、精明幹練的企業家，絕對應該是衣著得體的，而對於衣服不合體、搭配不合理的人，人們絕對有理由懷疑他的能力，他連自己的衣著都管理不好，又怎麼能夠管理一個大的企業？

比爾‧蓋茲是軟體業的霸主。早些時候，身為年輕的企業家，他的衣著很隨便，常常穿著一件襯衫、一條牛仔褲、或是一身工作服便出現在攝影機鏡頭前。那時他還年輕，所從事的行業也是一個朝陽行業，他的衣著很能代表這一點，也符合他的實際年齡。

近幾年，隨著年齡的增加，比爾‧蓋茲穿西裝出現的次數越來越多，而一身隨便的休閒裝或是一身工作服再配上那個大眼鏡的形象已很難見到了。有人說比爾‧蓋茲已經成熟了。

買一套好西裝而搭配一件大量生產的廉價襯衫，這實在是一件愚蠢的事。那些騙子們往往穿著高級服裝、高級皮鞋，卻繫著廉價的皮帶。我們的勸告是：最好拋棄這種庸俗的「高級趣味」，它只會讓別人產生懷疑──這個人是否真正有錢？是否誠實？是否有資格達到這個文化層次？

衣著的品味同樣可以表現一個人的人格品位──是否表裡如一。那種在整體感上失去平衡的衣飾會令人感到厭惡。我們在此有必要指出一些衣著的盲點。

- 假日休閒時繫著領帶甚至西裝革履。
- 色彩鮮豔的短襪與深色的服裝搭配。
- V 領毛衣外套著一件夾克。
- 短大衣穿在外套外面。
- 穿著鉤絲或破洞的長統襪。
- 一套條紋西裝和一條斑馬花型條紋領帶搭配。
- 新式西服與老式鞋或休閒搭配。
- 圓點花紋領帶與直紋襯衫搭配。
- 夾克口袋裡探出裝飾用的絲質手帕。

- 閃閃發光的袖口鏈和奇形怪狀的戒指與一套正規的辦公服裝。
- 細高跟鞋皮鞋與一條牛仔褲。
- 一隻手指上戴著一枚以上的戒指。
- 在辦公室裡戴著晃盪的環型耳環。
- 一件寬鬆飄逸的長裙與一件蝙蝠衫。
- 脖子短的人佩帶大顆的珠鍊。
- 女性服裝過於男性化。
- 在公務場合戴深色的眼鏡或太陽鏡。
- 襯衫的下擺露出褲外。
- 在高級套裝上搭配任何一種廉價的飾物。
- 穿舞會衣裙時戴著手錶。
- 其他一切令人在視覺上感到彆扭的服裝搭配。

做到乾淨整潔

大部分年輕人對自己的容貌都不滿意，認為沒有名牌服裝，在社交場合會黯淡無光。其實，如果我們乾乾淨淨、保持整潔衛生，只要行為、個性上沒有大的瑕疵，一樣可以成為有風度的人。

乾淨整潔有兩個主要含義：身體的清潔和衣著的美觀。通常這兩個方面如影隨形。衣著整潔表明這個人注意衛生；而外表的邋遢，則意味著風度盡失。

外表被認為是內在心理的反映。高尚的理想、活潑健康的生活和工作與個人衛生的不整潔是勢不兩立的。一個忽視清潔的年輕人也會忽視自己的心靈，會很快墮落；一個不注意儀表的年輕女人就無法取悅他人，進而成為一個不思上進的邋遢女人。

強健、清潔、優美的身體與個性息息相關。一個人如果放任自己、粗

枝大葉，那麼他會身不由己地開始墮落，這種事屢見不鮮。出於審美和道德的考慮，去遵守清潔，這對於維護自身利益相當必要。許多人正是因為不乾不淨而「倒楣」，比如，有些能幹的速記員就因為指甲不乾淨而丟了飯碗。

有這樣一件事，一位女士說，她走進一家商店想買一些絲帶，但是當她看見女售貨員的手時，她改變了主意，到別處去買了。她解釋說：「精美的絲帶被這種髒手指摸過後，不可能等級不下降。」

當然，這位售貨員的老闆很快就會發現她的業務沒有進展，而炒她魷魚。

要保持良好的儀表和風度，最重要的一點就是要經常洗澡，對頭髮、手和牙齒的護理也相當重要，一定要細緻周到，不能馬虎草率。

修剪指甲的用具很便宜，人人都買得起，當實在買不起一整套用具時，還可以只買一把指甲刀，把指甲修剪得光滑乾淨。

護理牙齒是件簡單的事，然而，人們在牙齒衛生上犯的錯誤卻非常多。一些年輕人，他們衣著考究，對自己的儀表非常得意，但他們卻忽視了自己的牙齒。他們沒有意識到，人的儀表中沒有比髒牙、蛀牙、或是缺了一兩顆門牙更糟糕的缺陷了，口臭更令人無法忍受，要想避免這種後果，必須注意牙齒衛生。

行為舉止要文明優雅

一個人的長相好並善於打扮，這給人的印象的確不錯。但如果行為舉止粗野，就像成語所說的「金玉其外，敗絮其中」和俗話「繡花枕頭」一樣，人們就會對他（她）產生反感。

坐要坐相、站要站相、走要走相，這講的都是動作姿勢。這些「小節」大有講究必要，美的動作姿勢給人以悅目、舒適之感；醜的動作姿勢，則給

人以反感、厭惡的印象。

人的行為舉止有著明顯的性別之分，各有不同的美態標準。男屬陽，女屬陰；男的要有陽剛之美，女的要有陰柔之美；男的要有男人的氣質，表現出男人的剛勁、強壯、粗獷、英勇、威武之貌，給人一種「動」的壯美感；女的要有女人的特點，表現出女性的溫順、纖細、輕盈、嫻靜、典雅之姿，給人一種「靜」的優美感。

有些人貌不驚人，甚至還有點醜，卻贏得人們的好感與敬意；有些人一表人才卻並不討人喜歡，這固然與各自的品格有關，但其行為舉止是否優雅文明也是原因之一，有時還是相當重要的原因。

1・站出精神

站姿能展現一個人的精神面貌。良好的站姿給人一種積極進取的感覺。站姿沒有固定的模式，較好的方式有兩種：一是前進式站法，即一腳在前、一腳在後，兩足成 45 度角，身軀微向前傾，給人一種振奮、向上的感覺；一是自然式站法，即兩足平行，相距與肩等寬，給人一種注意力集中、精神抖擻的印象。

2・走出形象

通常人們身體行為能夠表露出精神狀態。一個人低著頭、垂著雙肩、駝著背走路，此人可能遇到了難以解決的問題，承受著太多的思想重擔。也許是這些事情讓他不堪重負，精神被摧毀、身體被壓垮，又駝背又弓身則讓我們感受到他的消沉與悲觀。一般來說，悲觀消極的人，往往總是低著頭，只注視著眼下的路；而積極有信心的人，走路總是昂首挺胸，威風凜凜地向既定目標前進。

3・坐出身分

即使是坐著的時候，也應時刻注意自己的形象，顯露出你的氣質和風

度。優美的坐姿是盡量把背挺直，雙腳靠攏。當我們去找別人辦事時，可以擺出一種輕鬆的姿勢，聽別人談話時輔以微笑、點頭或輕輕移動位置來表明誠心和敬意。我們通常可以從電視節目中欣賞到那些有氣質、有教養者的正確坐姿，處處顯露出他們的品位和身分。我們不妨也學一學他們的坐姿，這對辦事將大有益處。

深深地坐在沙發或椅子上，或者把上半身靠在沙發或椅子上雖然很舒服，但這不是處事交際時的坐姿，而是休息時的姿態。與別人處理事情時，見到別人竟然採用如此的姿態，我們會認為對方根本就沒有心思在聽講話，缺乏足夠的誠意，因而影響我們處理事情的熱情與積極性。因此，在處事時要擺出最佳的姿勢，淺坐在椅子前端的 1/3 處，讓上半身自然前傾。此種姿勢可隨時起立，展現出我們的積極、開朗和能幹。這種姿態是辦事時獲得成功的一個要素，所以要學會運用。

駝背的人讓人感覺到蒼老、艱難，不會在辦事中給人留下諸如能幹、堅強等印象。腰桿挺直的人，有如玉樹臨風般的氣質，可以充分展現著信心、坦蕩，給別人留下誠實正直、堅強能幹的形象。因此，在參加會議或座談會等重要場合時，要注意挺直自己的腰桿。

同時，做事時一定要挺起胸部。很多公關人員都曾介紹過，胸部挺起的人顯得更加充滿力量，有信心而且堅毅，不僅給人以成熟穩重的好感，還給人一種敞開心扉、真誠交往的暗示。坐著時拱背的人會讓人感到缺乏自信、精神萎靡不振，是不足以信賴的。

當我們在生活中或辦事時，一定要注意培養自己優美的坐姿。優美的坐姿讓人感覺到對方隨時可能迅速地去處理問題，因而給人留下精明能幹的好印象。

4・「出手」有講究

第一，握手的方式會顯露出不同的心態。

- 過分用力的握手，這代表存在著某種缺點或是想過分顯示自己的自信。

- 擠壓式的握手，這主要因為底氣不足、缺乏自信。
- 將手指併攏輕輕搭在對方手掌的握手方式，安穩而寧靜適度，表現著自信而有禮節的高雅氣質和風度。

前兩種握手方式，都顯得虛張聲勢或信心不足，都不算是辦事時正確的交往姿勢，只有後者才能真正表示出一個人的穩重和自信。

第二，許多人，包括注重禮儀的年輕女性，坐在椅子上與人交談時，常會感到手足無措。有些人將雙手交叉抱在胸前；有些人手托腮幫，胳膊支在大腿上，這些姿勢都不夠優美。正確的儀表姿態是：姿勢端莊，手心向下，放在膝上，右手放在左手之上，不要五指相插。在重要場合，保持這種姿勢，會給人以自然優雅的美好印象。

第三，許多懂得談話技巧的人，都非常清楚運用手勢吸引聽者注意力的重要性。不妨試著用手勢來輔助說明談話的意思，口語和手勢表達同一個內容時，給人的影響會非常深。

誇張的手勢是應當忌諱的，例如把雙臂抱在胸前氣勢洶洶的姿態；或是叉開手指，在身前胡亂比劃著；或是重複幾個簡單的手勢等。不要簡單模仿外國人的手勢，他們的手勢所表達的意義和我們不一樣。以上列舉的幾種不恰當的姿態只能讓人感到對方或是信心不足，或是驕傲自負。

只有運用合適的手勢才能透露出進取、積極的勁頭。在這裡，我們要切記：用明確的手勢輔助說明要表達的意思，其餘的時候不要亂比劃。多餘的手語和多說的口語一樣，都是「廢話」。

5 · 行為舉止不容忽視

如果說，修飾美是覆蓋在心靈上的一件漂亮的外衣，那麼行為美便是心靈輝映在外衣上的一束光。一個人有了出眾的姿色、漂亮的衣著，但如果沒有與其相適應的行為美，也不能算是完善的美，甚至還會破壞原有的美。我們不能想像一個沒有動作、毫無表情的人跟一具漂亮的屍體會有多大的區別，也不能想像一個動作拙劣、表情呆板的人的內心會蘊藏多少勃

勃四溢的生機。華人的氣質素來較內向、含蓄，我們指出的姿態、舉止應是「秀雅合適」的行為美。

一個人的一舉一動、一言一行都是表現給他人看的，行為舉止的表現方式首先應考慮到他人，即是否有禮貌、是否對他人尊重。有的人衣冠楚楚卻出言不遜，聽別人講話時漫不經心，或隨意打斷對方的談話等等，這些行為都是不尊重他人、缺少文化教養的表現。

一個人的行為舉止不單純是在某種場合硬裝出來的，而是在日常生活中訓練的結果。有的青年人在公共場所（如公共汽車、劇院裡）蹺著二郎腿、東倒西歪，這就很不雅觀。日常生活中有許多「細枝末節」也應引起我們注意，對著別人咳嗽、打噴嚏，與人談話時挖鼻孔、摳耳朵，不分對方年紀大小，見面就拍肩膀等等，都屬於應克服之列。

總之，一個人的行為舉止應當大方、得體、自然。率直而不魯莽，活潑而不輕佻，工作時緊張而不失措，休息時輕鬆而不懶散，交談時謙虛而不迂腐，和外賓接觸時有禮而不自卑等等，這些都屬於日常生活修養的範圍，要予以注意。

用微笑面對每一個人

曾率領英荷聯軍擊敗法國路易十四的瑪律波羅公爵，據說他的英語寫得很糟糕，說起話來結結巴巴的，但是，卻是他掌握著眾多國家的命運。他姿態優美，幾乎讓每個遇見他的人都很著迷，整個歐洲幾乎為他傾倒。即使有人對他懷有最惡毒的仇恨，把他看作不共戴天的仇人，可是，一見到他那迷人的微笑、娓娓的言談，就會情不自禁地拋開敵意，和他交上朋友。

現實生活中，大多數人都很注意自己的外在形象，都能意識到穿著打扮的品位對自己社交、辦事很重要。因此，臨出門時，許多人都習慣對著鏡子特意打扮一番，看領帶是否平整，頭髮是否凌亂，化妝是否恰到好

處，唯恐因衣著的粗俗和妝飾的不雅而令人看不起或產生笑料，影響處事。但是，我們不可忽略面部表情微笑對辦事產生的影響。其實，對於社交、辦事來說，表情有時比服飾、化妝更重要。人的七情六欲常常不經意地流露在面部這個晴雨錶上，會辦事的人總是細心地注意調整自己的心境和表情。

所有表情之中，最有魅力、最有作用的，當屬微笑。用微笑去歡迎每一個人，那麼自己就會成為最受歡迎的和最會辦事的人。用微笑先把自己推銷出去，往往成功的機會更大。

美國有一位叫珍妮的小姐去參加聯合航空公司的招聘。她沒有關係，沒有熟人，也沒有先去打點，完全是憑著自己的本領去爭取。她被聘用的原因很簡單，那就是因為她的臉上總帶著微笑。

令珍妮驚訝的是，面試的時候，主試者在講話時總是故意把身體轉過去背著她。不要誤會這位主試者不懂得禮貌，而是他在體會珍妮的微笑、感覺珍妮的微笑。因為珍妮應徵的工作是透過電話工作的，是有關預約、取消、更換或確定飛航班次的事情。

那位主試者微笑著對珍妮說：「小姐，妳被錄取了，妳最大的資本是妳臉上的微笑，妳要在將來的工作中充分運用它，讓每一位顧客都能從電話中體會到妳的微笑。」

真正因微笑走向成功的人首推美國的商業鉅子希爾頓。

從 1919 年到現在，希爾頓酒店從一家擴展到 70 多家，遍布世界 5 大洲的各大都市，成為全球規模最大的連鎖酒店之一。幾十年來，希爾頓酒店生意如此好，財富增加得如此快，其成功的祕訣之二有賴於服務人員「微笑的影響力」。

希爾頓酒店集團的董事長康拉德‧希爾頓（Conrad Hilton）在幾十年裡，向各級人員（從總經理到服務員）問得最多的一句話是：「你今天對客人微笑了沒有？」

他諄諄告誡員工，無論酒店本身遭遇的困難如何，希爾頓酒店服務人

員臉上的微笑永遠是屬於旅客的陽光。他說：「請你們想一想，如果酒店裡只有第一流的設備而沒有第一流服務人員的微笑，那些旅客會認為我們供應了他們全部最喜歡的東西嗎？如果缺少服務人員的美好微笑，就好比花園裡失去了春天的太陽與微風。假若我是顧客，我寧願住進雖然只有殘舊地毯，卻處處見到微笑的酒店，而不願走進只有一流設備而不見微笑的地方……」如今，希爾頓的資產已從 5,000 美元發展到數十億美元。當希爾頓坐專機來到某一國家的希爾頓酒店視察時，服務人員會立即想到，他們的老闆可能隨時會來到自己面前再提問那句名言：「你今天對客人微笑了沒有？」

微笑是一種最不花錢的交際方法。隨時保持微笑的儀態，有利於增強你辦事的效果。

滿臉笑容地迎接客人，微笑會使對方感覺你如同親人；滿臉笑容地托別人辦事，微笑會增加對方拒絕你的難度；滿臉笑容地與別人打交道，難交的人也容易成為朋友。微笑是一張通行證。笑著談話，能使每一句話顯得輕鬆，即使是那些難辦的事情或是複雜的問題都可以在微笑中變得輕鬆起來。真誠地去微笑，讓對方產生愉快的心情，然後一點點地把問題提出，讓他（她）在快樂輕鬆的心情中不再設防，這樣的辦事效果要比板起面孔一本正經地談判不知好上多少倍。

不會微笑的人在生活中總是處處感到艱難。如果臉上天生沒有微笑，那麼就要練習，在聲音裡加進微笑。講話的時候就微笑，單獨一個人時也一樣微笑。

不停地去練習，去微笑，直到臉上泛起微笑為止。

當不想笑的時候也要笑。或許我們會認為太難了，既然不高興，難道還要去微笑嗎？是的，告訴自己，無論心事多麼沉重、多麼哀傷憂鬱，都不要用它影響別人。親人、朋友或許可以分擔我們的哀傷和憂鬱，但是，他們不會把哀傷和憂鬱存在心裡，反而希望我們盡快從中解脫出來。因此，把煩惱留給自己，讓別人相信我們現在非常愉快。在溝通中，讓別人

認為和我們相處是愉快的。

即使在不想笑的時候，仍然要保持微笑。每當我們感到不喜歡笑的時候，可能應該是笑得最多的時候。

當表現出高興的時候，人們認為我們感覺很好、很快樂，於是他們也會跟著笑。

盡快開始與別人分享我們的快樂，很快就會發現，別人臉上也伴著微笑。

用整個臉去微笑，一個美麗的微笑並不單只屬於嘴唇而已，它同時需要眼睛的閃爍、鼻子的皺紋和面頰的收縮。一個成功的微笑是包括整個臉的笑。

把深皺著的眉頭舒展開來，它就變成了一個微笑。

任何人都有幽默感，只不過有人把它深藏在無人知道的角落裡。跟別人在一起時，可以說說笑話，那樣有助於練習微笑。但是所說的笑話不是那種低級趣味的笑話或是拿別人尋開心的惡作劇，而指的是好的、真正幽默風趣的笑話。

大聲地笑出來，假如微笑具有超級魅力的話，那出自肺腑的大笑就更具有魅力！或許我們有過這種經驗，當在電影院看電影時，有一位觀眾因劇中一個好笑情節而哈哈大笑，整個影院就會充滿了哄然大笑。

上面所說的都是練習微笑的方法，如果一個害羞的人，在別人面前無法自由自在地笑，那麼，他可以在鏡子前自我練習微笑，等臉上泛起了真正的笑容後再到人們面前去表演。

生活中，如果有人用不友好的目光看自己，也不要以眼還眼，而應該報之以微笑。對於那些生性乖僻、覥腆的人，我們若能笑臉相迎，相互間隔閡就會消除，對方繃著的臉就會很快地鬆弛下來，並露出笑容。這種微笑，好比是投向水面的小石塊，能不斷地增加和擴大親切友好的漣漪。

不論身在何處，我們都要以愉快的心情、真誠的微笑去對待熟悉的每一個人，一個人若能笑得賞心悅目、神采飛揚，那麼他肯定能贏得周圍人

的好感和信賴，他的生活也會充滿樂趣。

塑造迷人的氣質

　　當我們第一次遇到某個人的時候，常常會留下這樣的第一印象：有一種人相貌平平，但他讓人感到很好接近，感到別有魅力；而另有一種人雖然衣冠楚楚、相貌堂堂，但給人的感覺是不可親近，缺乏令人欣賞的特徵。原因就在於氣質的差別。按照心理學的說法，氣質是一個人在其心理活動和外部活動中所表現的某些關乎強度、靈活性、穩定性和敏捷性等方面的心理特徵的綜合。氣質高雅的人，他們身上往往散發出一種特有的「人氣」，使人不由自主地喜歡他們，願意接近並與之交往，這種人辦事的成功率往往比較高。他們的魅力所在就是人們通常所說的氣質。

　　一個人是否有良好的氣質，對其人生的成敗得失影響很大。氣質不等同於容貌，美好的容貌會很快變得衰老，而人的氣質所帶來的人格魅力，卻如陳酒般醇香。由氣質產生的美感，是不受服裝打扮和年齡制約的，它總是隨時隨地自然流露出來。而這正是許多人看重氣質的根源。

　　良好的氣質是以文化素養、文明程度、家庭背景為基礎的，同時，還要看其對待生活的態度。一個正直善良的人自然也是一個樸素、謙虛的人；一個對生活自信心強的人，總是精神振奮，給人生氣勃勃的感覺；一個在逆境面前孜孜不倦、鍥而不捨的人，給人自強不息的感覺，我們對他的敬佩之情也會油然而生。

　　一個人的真正魅力主要在於特有的氣質，這對異性有著異常的吸引力。1980 年代，日本影星高倉健很受年輕女性喜愛，因為他塑造的人物身上所表現出來的那種男子漢剛毅、堅強、勇敢的特有氣質；而那時所塑造的人物多是油頭粉面、缺少陽剛之氣的「奶油小生」，青年女性多數不喜歡這樣的人。

　　氣質好主要表現在言行舉止上，一舉手、一投足，說話的表情，待人

接物的分寸皆屬此列。朋友初交，互相打量就立刻產生好的印象，這個好感除了言談之外，就是氣質的潛移默化。

　　高雅的興趣也是氣質好的一種表現，如愛好文學並有一定表達能力、欣賞音樂且有較好的樂感、喜歡美術並有基本的色彩感等等。這樣的人很受別人欣賞，樂意與之交往的人也多。

　　有很多人並非相貌長得好看，但他們身上卻洋溢著獨特的氣質，如工作的認真、執著；言行的聰慧、灑脫；辦事的精明、幹練，這是真正的美、和諧統一的美。人們往往認為這樣的人容易取得合作夥伴的竭誠支援。

　　氣質高雅的表現特徵是：儀表修飾得體，言辭幽默不俗，態度謙遜，待人接物沉著穩定，落落大方，彬彬有禮，讓人一見肅然起敬等等。站在這樣的人面前，如同走進典雅的殿堂，令人自然脫去幾分俗氣、平添幾分莊重。

　　氣質高雅的人，給人的印象會很好，大家都認為這樣的人辦事穩重，有分寸，有高度的責任感。所以，許多大公司經常委派這樣的人員負責公關部的接待工作，用以樹立公司的形象、贏得客戶的信賴與合作。氣質高雅的推銷人員，其工作業績往往比較突出，因為這種氣質給人的感覺是誠懇、實在，容易讓人產生信任感。信任人與信任產品一樣重要，人們接受一種產品，首先要接受推銷這個人。

 第 7 章　做一個有風度的自薦者

第 8 章

求職自薦——如何使履歷搶眼

　　求職履歷是一張濃縮人生精華的名片。它介紹與展示了求職者最精彩的一段人生。一份好的求職履歷是一幅美麗的個人素描，要合理地掌握繁簡，剪去不必要的枝蔓，就像雕塑家羅丹說過的那樣：「雕刻一張臉，就是把不是臉的地方鑿去。」

　　要精心地製作自己的求職履歷，以便向閱讀者明確地傳達出這樣的資訊：我就是你正尋找的那個人。

　　真正具有價值的東西，大都不是事物的本身，而是這些事物以外的衍生物。有時候人們往往關注這些額外的事物價值。

如何獲取招聘資訊

　　招聘資訊是連接求職者與用人單位的一根紐帶。一般來說，求職者可以透過以下管道獲取招聘資訊。

1 · 網路

　　隨著現代科技的發展，電腦運用的普及使人才需求資訊透過網際網路，出現在眾多求職者面前，這無疑加速了人才市場的發展。

　　目前採用這種網路求職方式的用人單位較注重有較高學歷和具有專業技術的人士，這非常適合白領階層求職運用。對於剛完成學業準備求職的青年，也可上網進行求職。

2 · 報紙雜誌

　　一般求才的公司，特別是那些正在徵求有經驗人才的公司，都會在報紙求職欄上提供給讀者詳細的求才資訊。只要翻閱一下，就可知道有哪些公司正在徵求什麼工作種類、什麼程度的工作人員。特別是在每個星期天，徵才啟事更加集中。依各公司的做法不同，有的求才廣告只在一家報

紙刊出，也有的在許多報上同時刊登，預算比較充實的公司，則可能在所有大報上以極大篇幅刊登廣告。所以，從廣告篇幅的大小，我們便可約略看出這家公司的財力。對於那種連廣告都登不起的公司，希望它能在薪水上有大方的表現，無疑是緣木求魚。

同時，要提醒各位求職者留意的是，為了顯現企業魅力、吸引更多的應徵者上門，企業的求才廣告多半經過專業廣告策劃者和專家的指點，將廣告內容包裝得既引人注目又魅力十足。求職者在閱讀時，必須避免被其糖衣外表所迷惑。在閱讀廣告時，可注意以下四點：工作種類、年齡的限制、工作場所和行業的成長性。

另外，徵求有經驗人員加入的企業或者是因為業務急劇成長、需才緊急，或者是因為內部產生問題、人員流動頻繁，必須經常補充新人，填補空缺。根據企業的不同情況，求職者在選擇時最好睜亮眼睛分辨清楚，以免失誤。

經過認真篩選，再仔細斟酌考慮，就可以清楚了解適合自己的工作是多是少。單憑報上的情報就奢望能迅速找到理想中的工作亦非易事，因為搜集完整的求才資訊是相當費時的，而且需要花長時間的考證。

3·人際網路

委託親近的朋友、可以信賴的朋友和親戚，代為留意引見適宜的工作，確實有省事方便的優點，而且成功率也很高。

這種透過熟人介紹的求職方法，可以省卻對未曾謀面的公司心生質疑，比較具有安全感。這種方式錄取的機率也很高，因此有意者、甚至是初入社會的新人都可以向值得信賴的親友提出請求。

利用親友找工作，有時也會陷入進退兩難的情形。因為是親友介紹，反而不易推辭拒絕，所以在委託的同時，務必事先說明所希望的工作種類、待遇條件，以免雙方在原則上有所出入，否則一旦被引見之後，基於義理為先的緣故，便很有可能使自己陷於被動和不中意該公司工作的窘

境。年輕人不妨多利用這種運用人際關係引見的方式，因為有許多企業在徵求不到年輕的新人時，往往會透過門路請人介紹，如利用公司內部的員工推薦等，所以這種方式相當值得一試。

　　為了給自己保留充分的選擇權，避免發生類似基於人情考慮而求職的情形，求職者在委託時應謹守親友只是介紹機會而並非介紹工作。自己完全是靠實力謀求工作而非依賴關係才得以就職，只要涉及到人情世故和社會上的禮尚往來，最好不要留下人情尾巴，以免工作後承擔過多的人情包袱。事前要再三明確告知對方自己真正的意願，這是務必遵守的委託原則。

4・人才仲介公司

　　除了政府民政及勞動部門主辦的就業公司外，也有在國內經營職業仲介的公司，這些公司大都會依據委託公司的需求條件，公開覓才。

寫作履歷的三大原則

　　恰到好處地包裝自己、向求才公司充分展示精美履歷極其重要。不過，太重視履歷包裝，有時反而收不到成效。有一同學從上學期開始策劃履歷，甚至花幾百元上相關培訓班，最後花費將近 5,000 元，用多幅藝術照、各種大小獎項以及大頁熱情的求職信裝點了履歷，沒想到，竟然被求才公司以「沒有重點、缺乏創意」為由拒之門外。履歷，到底是越簡越好，還是越繁複越花俏越好？怎樣使履歷在最短的時間內吸引求才公司？

　　其實，履歷不一定非要追求與眾不同，只要掌握好分寸，就能夠寫出精彩。畢竟，履歷的作用僅限於使一個陌生人在較短的時間內了解你的基本情況。

　　履歷最首先、最基本的要求就是真實。誠實地記錄和描述，能夠使閱讀者首先對你產生信任感，而企業對於求職者最基本的要求就是誠實。企業閱歷豐富的人事經理對履歷有敏銳的分析能力，遮遮掩掩或誇大其詞終

究會露出破綻。

書寫求職履歷主要有三個基本原則。

1・精簡

履歷，顧名思義，就是簡單明瞭的經歷。如果要證明自己是個勝任工作的人，寫履歷是從對招聘職位條件的準確判斷開始的，而不能把自己的情況什麼都寫出，所寫的任何經歷與技能需要以具體事例、事實、數字作為支援。因此，對於不同的企業、不同的職位、不同的要求，求職者應當事先進行必要的分析，有針對性地設計履歷。將與職位相關的技能加以突出，並用特定的事例與資料來證明，其他方面即使做得不錯，也要省略一些，雇主們只想知道求職者可以為他做什麼，有什麼相應的工作經歷，而含糊的、籠統的、毫無針對性的履歷則會失去這個機會。

寫履歷前首先要明白，面試主管不可能在一份不清楚、不簡單或太複雜的履歷上糾纏太長時間。履歷的內容千萬不要多，而且要控制在一頁內，更多的情況面試主管會從面試中直接了解。有的求職者覺得履歷越長越好，特別是剛從校園裡走出來的大學生們，本來其人生經歷就很「簡」，但卻偏要羅列一些自我感覺良好的經歷，以為這樣易於引起注意，其實往往適得其反，反而淡化了閱讀者對主要內容的印象。面試主管在閱讀時難免遺漏部分內容，甚至缺乏耐心讀完，這當然對求職者是很不利的。冗長囉嗦的履歷不但讓人覺得你在浪費他的時間，還能得出求職者做事不幹練的結論。履歷的用詞應盡可能精練，刪除不必要的形容詞、修飾語，使履歷通俗易懂、言簡意賅，令人一目了然。

2・誠實

有人笑稱：現在打開 100 封大學生的求職履歷，有 99 人是班級幹部或學生會幹部。這 99 人中肯定有不少「李鬼」。在這種情況下，唯一的非幹部求職者更能吸引公司的眼光。履歷要真實，不要灌水。求職履歷一定要

按照實際情況填寫，不可有任何虛假的內容。即使有的求職者靠含灌水的履歷得到了面試的機會，也會在面試時露出本來面目。弄虛作假不可能透過一道道嚴格的面試關卡。

實際上，對履歷真實程度的判斷更多依靠面試主管的經驗與面試技巧，求職者不要為了追求完美形象而做出一些誇大的描述。這些都會引導面試主管做進一步的深入了解，求職者有一點不能自圓其說，就會懷疑他在說謊，進而認為整篇履歷都是假的。這無異宣判這次精心準備的求職活動的「死刑」。

3．客觀

客觀與誠實略有不同。客觀指履歷在涉及對自己的評價時，應當力求客觀公正，包括行文中所表現出的語氣，要確實做到八個字——誠懇、謙虛、自信、禮貌，這會令面試主管對求職者的人品和素養留下良好的印象。現在具有同樣能力與經驗的求職者越來越多，而且越來越多的企業也更加重視一個人的品行、開拓與合作精神等基本素養，在眾多高學歷求職者的激烈競爭中，正是這些非技能性的因素使最終的獲勝者脫穎而出。

求職者應當用客觀的語句、可證明業績的真實資料把履歷中最得意、最主要的內容寫清楚，少寫虛話。對於自己的實力，要用可以令人信服的詞彙去說明，任何描述性的語言都要有一個明確的限度。

履歷中的任何字句都有可能成為面試中的話題，一定要做到有把握的才寫，沒有把握的不要寫。要實事求是地闡述自己的技巧、能力、經驗，力求準確，確信所寫的與實際能力及工作水準相符。

完整履歷的十要素

求職履歷是用來支持求職理由的重要資料。求職履歷有自己的特定內容和書寫技巧。以下資料必須在履歷中一一羅列。

1 · 姓名

履歷上的姓名要與所附的其他檔案相同，包括身分證、畢業證、介紹函等。

在現代職業化的履歷格式中，永遠要將你的姓名與聯繫方式放在履歷的最前面。傳統的履歷是以「個人履歷」作為履歷的標題，然後再列出「個人資料」作為專案標題，但這都已經過時。姓名一般作為履歷標題放在頁面最上面，居中，這是最正統的方式；也可以居左或居右，這樣的履歷版式最活潑。另外，也可把姓名嵌入求職信標題中，總之，必須使姓名突出、醒目。

在履歷中，一般將聯繫地址、郵遞區號和電話號碼緊跟著寫在姓名的下方構成履歷的抬頭，也可將其他個人資料如性別、出生日期、籍貫等放在姓名下面，使招聘人一眼就看到求職者的個人情況，這樣不用為「個人資料」單獨立項，也會有效節省履歷的頁面空間。如果求職信和履歷超過了一頁，建議使用「頁眉」以確保每一頁上都有自己的姓名。

2 · 地址

如果對方沒有要求，履歷上寫不寫地址都可以，電話是主要的聯繫方式。但如果住得離公司很近，而且應徵的職位也許會有加班、輪班的要求，將住址寫上會有意想不到的好處，住得近對於求職者和招聘公司來講都是最有利的，這也許會成為應徵成功的因素之一。

3 · 聯繫方式

履歷上的聯繫方式如果不是手機，則必須註明聯絡時間。對於要跳槽的求職者來說，電話號碼最好不要留現任公司的，以免不慎被同事或上司知道。

電子信箱也是一種便捷的聯繫方式，要將它寫在履歷上。

4・年齡與出生日期

通常在履歷中標注年齡時不要只寫出現在的歲數或出生年份，而要寫清楚出生年月。如果應徵的職位要求的年齡比你的實際年齡大，那麼寫虛歲而不是出生日期也是可以的。

5・籍貫

在履歷上寫清自己的籍貫或出生地是必要的，這是個人的基本情況。有些工作有地域限制，則要寫清戶口所在地，如果需要證明，則寫上身分證號或身分證上的住址。

6・婚育情況

一般認為，已經結婚的人需要承擔家庭的責任，這使他有足夠的責任感與穩定性，對工作有利，所以在申請一些責任較重的職位時，婚姻狀況是一個競爭因素。但女性則要考慮另一方面的問題，如果孩子很小或剛結婚，雇主也許會考慮其是否有家庭負擔的問題，在履歷和面試中都要小心迴避。

7・學歷

關於自己的學歷，要寫明曾在什麼學校受教育，學制幾年，最高學歷，是畢業還是結業或者有同等學歷等，有進修或培訓的也可以寫上。畢業的學校、專業和時間要詳細列出，對於所學課程可列出最主要的、有針對性的專業課，一些公共課、基礎課不必寫上。

8・興趣愛好

如果自己有十分出色的個人條件，可以特別提出來，如出眾的氣質、甜美的聲音，這些對於女性來講非常有用。有些招聘職位對身高體重這樣的外形條件有要求，如演員、接待人員、保安等，求職者也應該考慮到這

一點。

9・工作經歷

　　履歷上最重要的部分是工作經歷。對於剛剛畢業的大學生來說，這部分內容包括課外活動、義務工作、參加各種各樣的團體組織、實習經歷和實習單位的評價等。這部分的內容要寫得詳細些，說明自己在社團中、各種活動中做了哪些工作，擔任什麼角色，取得了什麼樣的成績。用人單位要透過這些經歷來了解考查求職者的團隊精神、組織協調能力、管理能力等。興趣愛好最好也列上兩三項，使求才公司能從中觀察求職者的工作、生活態度。

10・照片

　　對於很多職業來說，個人形象就代表著企業的形象，用人單位對於求職者的形象、氣質等會有一定的要求。如果對自己的形象、氣質有信心，認為自己相貌和氣質很符合公司所要求的形象，那麼不管求才公司是否要求寄照片，求職者一定要將自己的照片隨履歷寄去，良好的形象從來都是有充足的說服力。當然，如果對自己的長相沒有自信，而對方又不要求寄照片，則不要主動地寄照片，可以用個人的資歷去證明自己是最適合的人選。

11・謀求的職位

　　不管求才公司有沒有要求，最好都在求職信信封的背面寫上應徵職位的名稱。除此以外，在履歷中也要清楚明瞭地寫上職位的名稱。值得注意的是，當求才公司需要多種職位人才的時候，切不可為了增加成功率而寫上兩個或兩個以上的應徵職位，這樣做只會產生相反的效果。招聘方會認為求職者過於自信或沒有自信。

英文履歷的寫作技巧

　　英文履歷是進入外商的「敲門磚」。寫英文履歷要注意兩大問題：第一，簡明扼要，切忌拖沓冗長，詞不達意；第二，內容表達要規範。

　　那麼，怎樣寫英文履歷呢？

　　第一部分，個人資料（Personal Data）。包括求職者的姓名、性別、出生年月等，這些與中文履歷大體一致。

　　第二部分，教育背景（Education Background）。必須注意的是，在英文履歷中，求職者受教育的時間排列順序與中文履歷的時間順序正好相反，也就是說，要從求職者的最高教育層次（學歷）寫起，至於低至何時，則可根據個人實際情況安排。另外，大多數外商對英語（或其他語種）及電腦水準都有一定的要求，個人的語言水準、程度可在此單列說明。

　　第三部分，工作經驗（Work Experience）。在時間排列順序上遵循由後到前的規則，即從當前的工作職位寫起，直至求職者的第一個職位為止。求職者要將所服務單位的名稱、自身的職位、技能寫清楚。歐美人很重視求職者的實際工作經驗，所以，在履歷中提及自己「工作期間的培訓（On The Job Training）」，不失為一個聰明的做法。

　　第四部分，所獲獎勵和作品（Reward&Publication）。將自己所獲獎項及所發表過的作品列舉一二，可以從另一方面證實自己的工作能力和取得的成績。

　　第五部分，自己感興趣的領域（Interested Field）。將自己的工作意願展示給潛在雇主，對於大多數求職者，尤其是從事技術或研究工作的求職者來說，這一點必不可少。同時，將工作能力與工作興趣相結合，不僅是求職者的意願，對雇主來講，也同樣具有積極的意義。

　　需要突出強調的是，主考官將把求職者的履歷看成了解這個人的線索，要讓它成為其基本素養的準確反映。一般來說，履歷有一兩頁紙就足夠了，不要堆砌無關的細節而遺漏了重要的事實。

巧妙應對不利的履歷

長時間地失業、屢次被炒魷魚、和上司吵架負氣辭職……這些履歷沒有必要在履歷中反映。由此帶來的書寫履歷的一些麻煩，該如何技巧性地解決呢？

1・工作經歷中的空白

很多人在工作經歷中有空白，如果能合理解釋，比如就學等，則可將此寫進履歷。有時，還可以填入一些其他活動，就像填入其他工作一樣。如幾個月沒有工作，更無須提及。可以省去月份，比如只寫「2002 ～ 2003 年」在哪裡工作，這樣幾個月的空隙就不會看見。

2・失去工作

就算很有能力的人也會沒有工作，這種人每年在勞動人口總數中占 1/5。這根本不是難堪的事，很多老闆自己也曾有這樣的經歷，然而傳統上在履歷中仍要將此隱晦。

有這樣一種技巧，就是在履歷上寫「× 年至今」來表示最近的一份工作，這樣看起來，似乎仍在職。這麼做有時是可行的，但也有可能在面試中，需要解釋這個問題時，這種自欺欺人可能給人以較壞的第一印象，最終可能導致失敗。

因此，如果求職者目前沒有工作，就寫明最近離開那份工作的月份，或可填上在過渡期所做的事，如自行經營等。即使那只是臨時辦公或做零工，也要比欺騙強。很多雇主其實自己也有這樣的親身經歷，他們理解的程度遠遠超乎想像。筆者曾在離開一家文化公司後，在半年裡高不成、低不就地跌跌撞撞找了幾份工作，每份工作長則一二個月，短則三五天，都因工作不盡如人意而主動辭職。後來，在寄發履歷中將這段時間「美其名曰」從事自由撰稿工作。當然，這半年的賦閒時間，我的確在報紙雜誌發了

不少文章。

3・工作經歷中的被開除以及其他不利情況

在履歷中沒有必要寫為什麼離開原來的工作，除非這些對求職者有利，如離開原來的工作，接受具有更大挑戰的工作。如果曾被開除，是個人矛盾原因那是很平常的事，並不說明在新的工作中有機會碰到同樣的問題；如果是工作表現問題，也不一定會成為新工作中的問題。因此這些都沒必要寫。

履歷主要是表現你在以前工作中的成就，不妨把上述問題留到面試，但事先要準備好如何應答。

履歷寫作八不要

在發送一份履歷之前，應該再三地進行檢查和修改，只有這樣，所準備的履歷才盡量不會被對方扔進垃圾桶。我們不妨對照著以下「8 不要」原則再檢查一遍自己的履歷。

1・在文字、排版、格式上不要出現錯誤

任何求才公司不能容忍的事是履歷上出現錯別字，或是在格式、排版上有技術性錯誤，或是履歷被折疊得皺巴巴、有污點，這會讓公司認為應徵者連求職這樣的事都不用心，那工作也不會用心。

2・不要太長

大學生的履歷普遍都太長。曾經有份最長的履歷有 17 頁，洋洋灑灑 2 萬字！其實，履歷內容過多反而會淹沒一些有價值的亮點。而且，每到招聘的時候，一個企業，尤其是大企業會收到很多份履歷，面試人員不可能

每份都仔細研讀，一份履歷一般只用 1 分鐘就看完了，再長的履歷也超不過 3 分鐘。履歷要盡量短，專家建議履歷只要一頁紙就足夠了。

大學生履歷過長的一個重要原因是有的人把中學經歷都寫了上去，其實這完全沒有必要，除非中學時代曾有特殊成就，比如在奧林匹克競賽中獲過獎，一般來說，學習經歷應該從大學開始寫起。

很多學生的求職履歷都附了厚厚一疊成績單、榮譽證書的影本。事實上，履歷可以不要這些東西，只需要列出所獲得的比較重要的榮譽，如果企業對此感興趣，會要求求職者在面試時把這些帶去。

3・不要灌水

幾位人力資源部經理一再告誡我們，求職履歷一定要按照實際情況填寫，任何虛假的內容都不要寫。即使有的人靠灌水的履歷得到了面試的機會，但面試時也會露出馬腳。雅虎公司的肖靜說，企業選人都非常慎重，她當年應徵雅虎時過了 9 道關，弄虛作假是過不了一輪輪的面試的。不過，履歷中不要灌水並不等於把自己的一切包括弱項都要寫進去。有的同學在履歷裡特別註明自己某項能力不強，這就是過分謙虛了，實際上不寫這些並不代表說假話。有的求職學生在履歷上寫道：「我剛剛走入社會，沒有工作經驗，願意從事貴公司任何基層工作。」這也是過分謙虛的表現，會讓招聘者認為其什麼職位都適合，其實也就是什麼職位都不適合。

4・不必做得太花俏

現在求職學生的履歷普遍都講究包裝，做得很精緻、華麗，有的連紙張都是五顏六色。除非應徵美術設計、裝潢、廣告等專業，一般來說履歷不必做得太花俏，用品質好一些的白紙就可以，建議盡量用 A4 紙。履歷過分標新立異有時反而會帶來不好的效果，曾有一份履歷封面上赫然寫著「千里馬苦候伯樂」，這給人的感覺除了驕傲之外，還有輕浮。對於現在學生履歷中比較流行的封面形式，幾位人資經理都認為沒有必要，會增加履

歷的厚度。履歷言辭要簡潔直白，不要過於華麗。「青春年少的我，每一根髮絲裡都飄揚著激情與創意，渾身的血液循環中都澎湃著無畏挑戰的紅血球⋯⋯給我一片土壤，在秋天大雁南飛的日子裡⋯⋯」這份大學生的求職履歷就讓求才公司一頭霧水。很多大學生的求職履歷形容詞、修飾語過多，這一般不會打動招聘者。建議履歷最好多用動賓結構的句子，簡潔明瞭。

5・不要寫太多個人情況

有些學生的求職履歷在介紹個人情況時非常詳細，包括姓名、性別、出生年月、政治傾向、身高、體重、家庭狀況、婚姻狀況等等。建議大家不要把個人資料寫得如此詳細，姓名、電話、性別、出生年月是必須寫的，如果應徵國家機關、事業單位應該寫政治傾向；如果到外商求職，這一項也可省去，其他幾項都可以不寫。

有的學生喜歡在履歷上自我介紹、評價一番，比如「本人性格活潑、開朗，工作勤奮」，這些一時無法考察的所謂優點最好也不要寫。

幾位人力資源經理認為，一份合格的求職履歷應該包括以下內容：姓名、電話（或其他聯繫方式）等個人資料應該放在履歷的最上面，這主要是為了方便用人單位和求職者迅速取得聯繫。緊接著是畢業的學校、專業和時間，對於所學課程，可以列上幾門最主要的、有特色的專業課。

6・不要明確地寫上對薪水的要求

很多學生都對履歷上該不該寫對薪資、待遇的要求存在疑惑。幾位人資經理都認為，履歷中寫上對薪資的要求會冒很大的風險，最好不寫。如果薪水要求太高，會讓企業感覺僱不起你；如果要求太低，會讓企業覺得你無足輕重。對於剛出校門的大學生來說，第一份工作的薪水並不重要，不要在這方面費太多腦筋。但當求才公司要求寫上薪水要求，則應參考一下該職位目前的薪水行情，並依據招聘方與自己的實力如實寫上，建議不要以「20,000 ～ 40,000 元」的形式，而以「20,000 元以上」為佳。

7‧不要以弱敵強

如果你缺乏與正在申請的職位相關的工作經驗，那麼就不要使用時間型履歷，不妨試試功能型或技能型履歷格式，這樣就可以把與此職位最相關的功能或技能放在最醒目的位置。

8‧不要不分對象盲目出手

千萬不要準備一份履歷然後照著求才網站上的地址都發一封信給每家公司。在申請一個職位之前，事先判斷一下自己是否合乎他們的要求，仔細閱讀一下求才廣告，如果覺得自己不適合這份工作，就不要無謂地浪費你的時間和金錢了。

在過期的求才資訊裡尋寶

曾有一位房地產業的朋友告訴筆者他購買低價房的祕訣：他專門在　些過期的銷售廣告中查找資訊。他說許多大樓都存在著「尾盤」，但鑑於數量少而沒有刊出售屋資訊。這些大樓因未打出售樓廣告，因而需要購房的人鮮有問津。這位朋友專門收購剩餘的大樓戶數，時常可以「淘」到一些位置好、價格低的大樓，甚至有時在本來就偏低的價格上還有很大的出價餘地。

買樓如此，求職亦然。許多求職者都十分注重招聘資訊的時效性，認為求職資訊一旦過時就沒用了，因此往往連看都懶得多看一眼，其實這是個十分錯誤的觀點。過時的招聘資訊只要善於利用，比新資訊的作用還大，積極投遞履歷或許有更大的收穫。

劉勇在 1 年前還是個應屆中專畢業生，文憑不高，缺乏經驗，但他同樣很順利地求得一份薪水不菲的工作。他求職之所以能成功，固然與許多因素有關，但主要是他運用了「喜舊厭新」這種獨特的求職方法。

劉勇是個很有心計的人，畢業後他並沒有像許多求職者那樣，天天都

看求才廣告，看到稍微合適自己的就寄出求職資料，然後就被動地靜候「佳音」。畢業後他來到圖書館的報刊閱覽室，向工作人員借閱了 1 年前的報紙，只看其中的求職版面，看到有適合自己的招聘廣告就將其電話號碼、通訊位址等抄下來，然後再逐一聯繫，寄去求職資料。結果，他只用了一個多星期的時間就被一家報社聘為編輯。

劉勇取得成功，原因何在？

第一，企業既然能在去年刊登招聘廣告，那麼現在也會需要同樣的人才，這種可能性是很大的。尤其是在一些人才流動性較強的行業裡，如廣告業、網路業等，他們往往會因為某些原因而沒繼續登招聘廣告。

第二，幾乎無競爭對手。一則招聘廣告剛發布時，往往求職者如雲，競爭異常劇烈，除非實力超群，否則求職的成功率一般很低。但舊的招聘廣告的職位由於幾乎無人問津，一般只有求職者一人，成功率當然就大大地提高了。

找準目標，積極地投寄履歷，的確是一種較好的方法。常言道：條條道路通羅馬。一個目標是可以透過各種不同的途徑去實現的，找工作也一樣，求職途徑越多，成功率也就越高。畢業生只要平時注意資訊、收集資訊，並運用多條管道發送資訊，就一定能敲開理想職業的大門。

像寫求愛信一樣寫求職信

求職信就像一封向意中人發出的「情書」，能否打動「意中人」的芳心，能否在對方心裡留下難以忘懷的印象，也許決定著這場「戀愛」能不能拉開序幕。

在寫信前，求職者必須盡可能多地了解對方。了解對方的需求（用人要求和標準）、個性和性格（企業文化）、對未來發展的期望（企業發展方向）。只有這樣，才知道該說什麼，不該說什麼，怎麼說。

　　書面語言是書寫者的一面鏡子。對方會透過這面鏡子揣摩書寫者的性格、素養、能力甚至氣質和容貌，它也是書寫者與對方的一種隱性交流。所以，求職信所傳達的應該是對方最想知道、最想了解的資訊，也應該是最能吸引對方、打動對方的資訊。

　　求職信的寫作如同「情書」的寫作。太謙卑，會讓人覺得缺少自信，畏首畏尾；太殷勤，會讓人覺得諂媚；咄咄逼人，會讓人心生警惕；誇誇其談，更會令人心生厭煩。作為一種商業信函，求職信仍被看作是對求職人員的第一印象。寄出的求職資料中不能沒有求職信，一封沒有求職信的履歷擺在雇主面前會給人一種很唐突的感覺，就像一份客觀但冷漠的產品說明書擺在人們面前，而求職信則能夠把求職者──一位完完全全的陌生人熱情地介紹給對方。

　　求職信作為一個求職者與雇主在心理上緩衝的方式，求職者可以在其中盡量表達自己對這份工作的熱情和渴望，強調自己可以勝任這份工作的理由。求職信的用途在於讓求才公司了解求職者與應徵職位要求之間的共同點，給公司留下深刻的印象，使其在眾多求職者中脫穎而出，因而獲得面試的機會。一般而言，在求職者的履歷通過之後，雇主將會認真地重新閱讀求職信，以獲取更多的資訊。

　　另外，求職者還可以透過寫自薦信的方式求職。自薦信曾被譽為是一幅自我描述的「彩照」。在自薦信中，可以盡情地表現自己，把自己描繪成一個最適合對方需要的人。用人單位可以透過自薦信了解自薦者的文化修養、知識水準、工作能力、文字表達能力甚至思想、性格，憑此進行初步篩選。

　　自薦信的一個最大優越性在於，它可以越過許多環節，直接到達錄用者手中，所以說，自薦信也是每個求職者都可以運用的「敲門磚」。至於是否能敲開面試的大門，則要看信中怎樣表現自己。

　　寫自薦信的目的在於讓對方對自己感興趣。這裡有兩個關鍵問題要弄清楚：一是對方感興趣的是什麼？二是自己使對方感興趣的是什麼？所以，

自薦信自始至終應緊扣求才公司的要求，結合該單位的生產、經營狀況和地位以及錄用標準，談自己的成就和專長；充分運用書面語言比口語嚴密、優雅、易表達的特點，展示自己的潛質。

　　拿出寫求愛信的耐心和苦心，好好寫一份求職信，這樣會令面試的機會倍增。

求職信的構成要素

　　一般來說，求職信的基本內容包括標題、稱呼、開頭、主體、結尾、致敬語、署名、日期和附件。

1・標題

　　標題寫在正文正中上方，可直接寫「求職信」或「自薦信」，也可在這三個字之前加說明中心意思的定語。

2・稱呼

　　即對接收並閱看信件的人的稱呼。

　　一般來說，收信人應該是公司裡有實權負責錄用的人。要特別注意此人的姓名和職務，書寫要準確，萬萬馬虎不得。假如對求才公司有關人員的姓名不熟悉，那麼在求職信中可以直接稱閱信人的職務頭銜。如果求職信不是寫給某個特定的人，則稱謂多用「尊敬的主管」。

　　求職信的目的在於求職，因而稱謂要求嚴肅謹慎，要有禮貌，既不能隨隨便便，又不能過分親膩，以免有阿諛、唐突之嫌。稱謂後的問候語一般應為「您好」，而非「你好」，更不能用「您們好」。另外，一定要注意，稱呼之後用冒號，而不能用句號，這是中文書信最基本的要求。

3 · 開頭

　　求職信的開頭應開宗明義，自報家門，直截了當地說明求職意圖，使信的主旨明確、醒目，引起對方注意。切忌在開頭離題萬里而給對方留下莫名其妙之感。另外，開頭表達要力求簡潔，並能吸引對方讀下去，切忌囉嗦乏味，讓對方產生厭惡情緒。

4 · 主體

　　這部分是求職信的重點內容。一般寫法是先寫明自己求職的理由、目標，說明願意來所選單位效力的理由，要合乎情理、合乎實際，做到充足、可信，目標要具體明確。接著要重點介紹自己應徵或尋求工作的條件，注意要突出自己的重要成績、特長、優勢，要有的放矢地闡明出對該單位的特殊價值，重申履歷中已經提到的那些主要成就。

　　在信中，還可以更詳細地介紹某一專長和成績。對於大學畢業生來講，可以多提一下具體的有代表性的工作經歷，但要具有吸引力和新鮮感。總之，要根據自己的求職目標，主體部分做到告知情況、突出重點、言簡意賅、語氣自然。

5 · 結尾

　　求職信的結尾主要是進一步強調求職的願望，希望能給予考慮及明確答覆；或者請求同意，前往面談；或希望試用，以供單位進一步考察等等。比如可寫「我期盼您能給我一個面試的機會」，「盼望您的答覆」或「敬候佳音」之類的話。這些表述，都要注意用語恰當、得體，以免造成不良印象。

6 · 致敬語和落款

　　求職信是陌生雙方進行聯繫的一種形式，要講究必要的禮貌，禮節性的致敬語是必不可少的組成部分。一般的寫法是在正文結束後，緊接著在下一行空兩格寫上「此致」二字，後面不打標點；再在「此致」的下一行頂

格書寫「敬禮」二字，後面寫感嘆號即可，用這種方式表示對對方的尊敬。致敬語寫得恰當，可以顯示個人禮貌和文化修養，不可忽視。

　　同時在致敬語右下方要簽署求職者的姓名及具體日期。署名時要注意兩點：一是不要過分謙恭，有意識地貶低自己；二是字跡工整，切不可用署名炫耀自己的書法，引起對方不快。

7・附件

　　有些求職者的附件資料很多，因此要在正文後一一列出，以便求才公司查閱。

求職信的具體要求

　　一般來說，求職信包括以下幾條要求。

1・找準目標，有的放矢

　　寫自薦信時，求職者必須在明白求才公司各項具體要求的前提下，有針對性地展示自己相關方面的優勢和才能，即「對症下藥」。只有這樣，才有成功的可能。

　　不同的企業、老闆、工作職位，對人才的要求不盡相同，不要把求職信寫成任何一家企業都可以閱讀的檔案。如果求職者認為自己適合到好幾家公司應徵，最好是因人制宜地各寫一份求職信。求職者可以先「普遍撒網」多接觸幾家企業，再有針對性地構思求職信。

2・長短適度，重點突出

　　求職信切忌篇幅過長，洋洋灑灑幾十頁，容易使對方厭煩；相反，如果過短，既說不清問題，又容易給對方不嚴肅、不認真的感覺。一般說來，

要以 1,000 字為宜,以 1 ～ 2 頁為好。在有限的篇幅內,一定要重點突出、有針對性,或針對某一單位的某一人,或針對某單位的某一職位而求職,效果會更好。

3．文字順暢,字跡工整

求職信是用人單位對求職人的一次非正式的考核。用人單位可以透過信件了解求職者的語言修辭和文字表達能力。求職信工整、清潔、美觀,給人以愉悅的感覺,易形成良好的印象;相反,如果求職信字跡潦草,難以辨認,會給人以辦事草率、敷衍了事的感覺。字寫得不好,最好列印或請別人代寫;如果寫得一手好字,就可以大膽地、工工整整地自己寫,並落款「親筆敬上」的字樣,這不僅可以給對方以辦事認真負責的印象,也可以顯示書法特長,許多單位都願意錄用一個寫字漂亮的人。

4．語言準確,簡潔明瞭

用簡練的語言把求職想法以及個人特點表達出來,切忌堆砌詞藻。求職信的讀者大都是單位負責人,他們不會把很多時間浪費在閱讀冗長的文章上。求職信不是顯示文學才華的地方,最好用平實、穩重的語氣來寫。有些大學畢業生總想賣弄文采,想盡辦法堆砌華麗時髦的詞藻,結果弄巧成拙,使人反感。寫作求職信要開門見山,簡明扼要,切忌套話連篇,浮詞滿紙。真正好的求職信不在於長、而在於精,精在內容集中明確、語言凝練明快、篇幅短小精悍。

5．自我推銷,適當有度

寫求職信其實就是在推銷自己,要強調自己的成就,強調對所選公司的價值,這就少不了自我介紹,但是一定要講究技巧。例如,信中如果表達「有能力開創企業的新局面」,讓人聽起來就很刺耳,覺得華而不實。求職者可以說:「我可以用所學的知識,建立一套新的管理計畫,以提高企業

的生產率」、「可以為企業做一些形象設計」等等。

6・不用簡寫詞語・慎用「我」字句

平時與人交談時，我們可能習慣簡稱自己的學校或所學的學科專業，但在求職信上最好不要用簡稱，因為求才公司的主管不一定都了解學校或專業，簡寫往往容易使他們因不明白而產生誤解，如「科大」究竟是指中國科技大學還是臺灣科技大學？另外，多處簡寫會使人覺得求職者做事不能脫離學生本色，或認為其態度不夠慎重，因而影響錄用。此外，在求職信中需要用「我覺得」、「我看」、「我想」、「我認為」等語氣來說明自己的觀點時要慎重，否則會給用人單位留下自高自大、思想不成熟的印象。

7・不使對方反感

有些求職信雖然文理通順、字跡工整，但讓對方看起來內心總有些不悅，甚至反感。最常見的問題表現在以下幾個方面。

(1) 為對方限定時間。如「本人於某月某日要赴外地實習，敬請貴經理某月某日前回信為盼」，表面上看，文字相當客氣，可是客氣之中卻為對方限定時間，容易使對方反感。

(2) **為對方規定義務。如「本人謹以最誠摯的心情，應徵貴公司的業務員，盼獲得貴公司的尊重和考慮。」**這樣的說法似乎是說：你如果不聘用我，就是對我的不尊重。這樣的語句，對方是難以接受的。

(3) **以上壓下的口氣。如「貴公司總經理 ××× 先生要我直接寫信給您。」或「×× 長很關心我的求職問題，特讓我寫信找你。」收信人看後可能會這樣想**：「既然總經理有意，你還寫信給我幹什麼，真是多此一舉。」

(4) 「吊」起來賣。如「現有幾家公司欲聘我，所以請你們從速答覆我。」這樣用別的單位來壓招聘的這家公司的做法，往往會激怒對方，將信直接扔進垃圾箱。

所以，類似上述容易引起反感的話千萬不要寫，還是以老老實實、謙

虛謹慎的態度去求職為好,這一點對剛畢業的大學生尤為重要。

8‧不要「漫天撒網,廣種薄收」

在現實生活中,常常會見到許多油印、鉛印或複印的求職信,這往往會給用人單位留下態度不誠懇、「心猿意馬」的印象:「誰知道他(她)發了求職信給多少部門呢?」這樣一來,面試的機率很可能會很低。

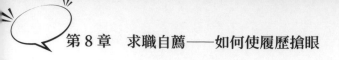

第 8 章　求職自薦——如何使履歷搶眼

第9章

求職自薦——如何在面試中勝出

英國《泰晤士報》總編輯西蒙‧福格曾在求職方面創造過神話，被人們傳為美談。那是他剛從伯明罕大學畢業的第二天，為了尋找職業，他南下倫敦，直進《泰晤士報》總經理的辦公室，問：「你們需要編輯嗎？」

「不需要！」

「記者呢？」

「也不！」

「那麼排版人員、校對員呢？」

「不，都不，我們現在什麼空缺都沒有。」

「那麼，你們一定需要這個了。」說著福格從包裡掏出一塊精緻的牌子，上面寫著：「額滿，暫不雇用。」

結果他被破格留下來，做報社的宣傳工作。

充分掌握用人者的業內資訊，以深入淺出的方法，將重點部分作出清晰解答，表明責任心與進取精神，那麼你勝任工作的能力也自在其中了。

樹立正確的求職觀念

選擇職業就是選擇自己的未來、規劃自己的人生。許多求職者因為沒有樹立正確的求職觀念而陷入了求職迷思，浪費了許多時間和精力，以致影響了以後事業的發展。以下談到的求職觀念我們一定要牢記在心。

1‧確立自己的求職目標

求職者在面試前應該清楚自己的事業方向、明確自己的奮鬥目標。選擇職業是人生中的大事，它決定了一個人的未來，因此絕不能草率行事。目標明確就會激勵人們努力地去為目標而奮鬥，積極地創造條件實現目

標，避免沒有目標而浪費時間。很多事業上的失敗者，因為沒有確定好適合他們發展的職業，最終浪費了他們的知識和才能，抱憾終生。

2‧不要把高收入作為唯一標準

高薪對於每個求職者來說無疑是個巨大的誘惑，它吸引著眾多的求職者，追求高薪雖是人之常情，但也不能忽略客觀現實。

首先，我們謀求一份職業，要看它是否適合自己；其二，要看公司是否有發展潛力，是否有利於自身的發展；其三，要看是否能得到重用，發揮自己的一技之長。如果不考慮上述因素，盲目追求高薪，就會誤入歧途，錯過很多發展機會。

3‧客觀地了解自己

求職者擇業的首要準備，就是要客觀地認識、評價自己，了解自己的能力、興趣、氣質和性格，以便準確地找到適合自己的職業。職業與才能相適合，就會發揮出一個人的才幹，反之就會埋沒人才。只有選對了與能力傾向相同的職業才能如魚得水，否則就會影響職業活動。每個人都希望在工作中取得成績、在事業上有所成就，所以絕不能忽略這一步。

新世紀擇業三法則

就業越來越難，但並非「難於上青天」。認真遵循哈佛大學校長德雷科‧鮑克的「新世紀擇業的三類法則」，或許能為找工作帶來幫助。

1‧心態法則

德雷科‧鮑克說：對於每一位求職者來說，他們都希望自己能找到一個能發揮自己特長、待遇又很高的工作。然而在實際擇業的過程中，這樣兩

全其美的好事確實很難找。其中的原因固然很多，但有一個很重要的原因就是：求職者沒有客觀看待擇業。也就是說，求職者沒有正確的心態。以下是求職者的幾種常見心態。

　　一小毛驢的猶豫。德雷科·鮑克指出，許多人在選擇職業、成就事業時，都會存在「小毛驢的猶豫」：一頭小毛驢在乾枯的茫茫草原上好不容易找到了兩堆草，但是因為反覆遲疑不知道吃哪一堆更好，結果卻活活餓死了。這就告誡我們：人的期望值不可太高，在選擇中要痛下決心，絕不可以左顧右盼而坐失良機。魚和熊掌不可兼得，這是一般的規律。

- 做夢娶美人。這是擇業過程中普遍存在的又一種現象：志大才疏，眼高手低，大事做不來、小事不肯做。這種人想做好工作、成就事業，只能是做夢娶美人——盡想好事。

- 這山望見那山高。求職者往往在擇業時挑肥揀瘦，到頭來卻兩手空空，一事無成。因此，求職者應把自己的專業特長與求才公司的需求實際結合起來，對照衡量後再去擇業。

2·觀念法則

- 看重工作發展前景勝於薪水。隨著競爭的加劇和收入的普遍提高，個人的發展和前途已成為求職者關注的焦點。德雷科·鮑克認為：選擇工作時，薪水不再是員工擇業的首要考慮因素，其位置已下降到第二三位，取而代之的是個人發展和企業前景。

- 先就業後擇業。儘管經濟形勢和就業形勢各國有所不同，但對於求職者擇業而言，由於受工作經驗等多種因素的制約，要想找到一份理想的工作還有一定的難度，「先就業後擇業」的觀念正開始流行。

- 選擇其他個人發展形式。例如潛心學習、準備試研繼續深造；學英語，考托福、GRE 或者雅思，準備出國；自主創業、籌備資金創辦公司；做自由職業，即 SOHO- 族。

- 追求熱門不如看好潛力。儘管 IT 業等行業很吸引人，但這些行業競爭激烈，技術更新快，從業者並不輕鬆。於是，許多人開始將目光轉向醫

藥、環保、保險等潛力行業。

- 託親戚不如憑實力。以往找工作時,有沒有社會關係背景意味著很大不同。但現在,隨著越來越多跨國公司的湧入以及本國企業的重組改革,企業選擇人才的標準已演化為「能否勝任工作」。

- 自己當老闆。替別人打工,只能聽老闆的,有許多創意和抱負只能在胸口憋著。《公司法》為大家提供了許多便捷條件,不少人扯起自己的「旗號」,自立門戶開起了公司。

- 在工作中學習。今天的學習不再是純校園式的學習,職業發展需要的東西,大多靠人們在工作中獲得。因而,那些體制完備、發展成熟,能夠提供系統化、職業化、規範化學習機會的企業成為擇業者的首選。

3 · 行為法則

- 「大格局」思考。再大的目標總有切實可行的辦法達到。「大格局」思考的定義是,運用你最強的欲望、可靠的精力,改變人生的方向。

- 自己創業的心理準備。如果我們認為什麼都做不了,那麼,不妨嘗試做一個老闆。如果沒辦法找到理想的職業,那麼,就要問問自己是否願意自己創業。這有一個好處,就是能清楚自己想做什麼。

- 每天對照「人生最珍貴的價值表」。時常重讀一下,體會一下「我最喜歡做又最值得做」的每一個內容,與平常的所作所為比較,就會逐漸地靠近人生目標。

- 開發「意象」的潛力。從報紙雜誌裡剪輯各種圖片,把它們拼成一大幅描繪理想工作或人生的圖畫。自己畫也可以,這不是要變成大畫家,而是要創作自己的夢境。

- 對自己許下堅定的諾言。一位作家說:「僅僅想要,甚至極想要,什麼結果都不會有。除非你矢志要完成某事,並且做到實現它的必要步驟,你的志向才可能不致落空。」

企業喜歡什麼樣的人選

　　雖說企業用人是「青菜蘿蔔，各有所好」，有喜歡保守的、也有偏好前衛的，但基本上，企業都有著一致的要求。如果能達到這些基本要求，相信我們自薦成功的機率會增大。

1・品德

　　求職者的德性如何？「品德」兩字或許太流於空泛，但主試者卻可從下述條件，略窺面試者的品德。

- 懂不懂基本的做人禮貌？從面試時求職者的應對舉止即可看出。
- 有無感恩圖報之心？如果在面試時大罵以前的公司或主管的不是，在此項條件上勢必被劃上大叉。
- 德性如何？以前是否曾利用職務之便中飽私囊。
- 是否有知錯能改力求上進之心，而非把事情搞砸卻歸因於別人的配合有問題。

　　事實上，上述 4 項條件就是古訓中的四維——禮、義、廉、恥，求職者如有任何一項缺陷，主試者都會有所保留。

2・技能與知識

　　本職上的專業是否精通？若想只憑著一招半式闖江湖，在日漸追求專業與分工的現代社會將愈來愈不可行。

3・身體健康、精神飽滿

　　不只是身體上沒有任何小毛病，體力上和精神上更要能承受重大的工作壓力。在主試者面前永遠保持著神采奕奕的形象，被錄用的機會自然比別人高。

4・敬業樂群

在現今這個到處都需要打群體戰的環境下，企業所希望的候選人是能與團隊績效一致的；是勝利團隊中的一分子，而非失敗團隊中的英雄。比賽時拚命投籃只求個人表現的超級明星與球技不好的球員，對教練和整個球隊而言，同樣不受歡迎。

5・高雅的氣質

氣質涵養來自於長期的修養，絕非如吃補藥一般可以一蹴即成。除了多閱讀修身養性的書籍外，平時多接觸或研習一些詩歌、美術、書法等有關藝術方面的書籍，無形中可以變化氣質，而使談吐變得優雅高尚，如此一來，被錄用的機會將較大。

細心的讀者可能已經發現，上述五大要項正是過去在學校時老師告訴我們的教育目標：德、智、體、美、勞的培育，這也是企業主管在面試新人時的最愛。

這些道理都很簡單，但許多年輕朋友，工作幾年之後就把當年修德攻業的情懷全部拋諸腦後。每天下班後不是邀約三五好友打牌，就是守在電視機前看肥皂劇，長此以往，必然大大折損自己有限的青春及市場價值。

如何看清招聘方

雇主的基本情況如何，對求職者來說尤其重要。求職者在面試前，應多了解些雇主的情況。

1・機構的規模

大小機構各有其優缺點，如何選擇要視各人的興趣和工作性質而言。想進入銷售電腦的行業，那不妨選擇一家較具規模的機構，這樣才可以得

到多方面的職業培訓，又有機會見識複雜的儀器、碰到各種顧客。

2・發展潛力

如果知道該公司以往的記錄和發展政策，也可以大致想像到它將來的發展。做決定以前，應該先看看該公司的年報和內部刊物，最好先弄清楚它是獨立公司還是分公司、或是附屬其他機構的公司。

3・保障和安全

如果該機構有周全的晉升制度，雇員會有機會穩步高升，這可以幫助我們精確計算出來未來幾年自己的職位和薪水。如果有意在該機構長遠發展，更加需要知道它有沒有長遠的發展計畫。如果是國際性的機構，就要弄清楚它會不會繼續在本地區做生產和擴展業務。

4・業務範圍

越來越多的大機構有意將資源分散投資到不同的行業，出現了大量的附屬公司。求職者加入這些大機構工作的最大好處是可以有很多機會隨時被調職到不同部門、不同地方工作，這對於愛好挑戰的年輕人來說是非常有吸引力的。

5・招聘及人事管理政策

除非已經加入該公司工作，否則這方面的資料是難以掌握的。不過，如果有機會接觸曾經在該機構工作的朋友，不妨仔細向他們探聽，因為人事管理及升遷政策對求職者的前途有很大的影響。

6・聲譽

該公司在行業內外的聲譽對職員的事業非常重要。如果曾經在一家規模宏大、聲譽良好的機構工作，別人對其評價自然會提高，當需要轉換工

作或者另作安排時，肯定會比其他競爭者優勝，這對於從事會計、銀行、推銷等方面的工作尤為重要。

求職者只有預先做調查，知道該公司的需要和存在的問題、面臨的挑戰、經營的方針後，才能了解自己的技能和專業知識可以幫助公司改進哪方面的工作。唯有對公司了解得一清二楚，才能向公司保證自己的長處正是它所需要的，才會知道自己是否適合那家公司，在那裡上班是否快樂。了解公司對於謀職至關重要。

面試的五種常用方式

求職者要參加面試，在掌握各種面試技巧之前，要了解目前比較常用的面試方式。這樣可以使自己能夠針對不同的面試方式作相應的準備，做到「知己知彼，百戰不殆」。面試的方式很多，概括起來有以下幾種。

1・問題式面試

由主試人對求職者提出一個問題或一項計畫，要求予以解決，其目的是觀察求職者在特殊情況下的表現，以判斷其解決問題的能力。

2・模式化面試

由主試人根據預先準備好的詢問題目和有關細節逐一發問，其目的是為了獲得有關求職者的全面、真實的資料，同時觀察求職者的儀表、談吐和行為，雙方互相溝通意見等。

3・壓力式面試

由主試人（一人或多人）有意識地對應試者施加壓力，從不同的角度、側面提問，不但詳細而且追根究底，有時甚至有意激怒應試者，看他在突

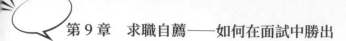

如其來的壓力下能否做出恰當的反應，以觀察其應變能力。

4 · 討論式面試

　　招聘方（多人）與求職者（多人）展開討論，讓求職者自由地發表議論，盡量活躍談話氣氛，在言談中觀察求職者的組織能力、知識面、談吐和風度。

5 · 綜合式面試

　　由主試人透過多種方式綜合考察應試者各方面的才能。比如用外語與應試者對話以考察其外語水準；讓應試者寫段文字以考察其文字能力或書法水準等。

　　除了要了解面試方式，同時要做的準備工作還有許多。一些問題是面試中經常會被問到的，應試者應對這些問題早有準備。

(1) 你為什麼要進我們公司？

(2) 你的主要缺點是什麼？準備如何克服？

(3) 你認為自己最適合做什麼？

(4) 你為什麼要離開原公司？

(5) 你最引以為自豪的成就是什麼？

(6) 你為什麼至今沒有找到滿意的工作？

(7) 你希望你的薪資是多少？

(8) 如果你想招聘人，喜歡怎樣的人？

(9) 你有哪些職業發展計畫？

(10) 對枯燥單調的工作你也願意做嗎？

(11) 如果本公司與另一家公司同時要聘用你，你如何選擇？

(12) 你覺得你與其他求職者有何不同？

(13) 為什麼我們應該首先選擇你？

(14) 你還有什麼想問的？

　　當第一次聽到這些問題時我們會感到很棘手，相信經過認真的準備，當再次面對主考官時，我們不僅會對面試方式有所知曉，還對面試問題略知一二，那麼就會對面試「胸有成竹」。

一點一滴塑造良好形象

　　俗話說：「人物要形象，商品靠包裝。」在日常生活中，朋友初次見面的第一印象較為關鍵，何況是第一次面試！再則，大部分人都有一種先入為主的感覺。因此，我們在第一次面試中給面試官的印象好壞，多少決定著自己的命運，所以絕不能掉以輕心。

　　恰如其分的自我包裝不但能提升求職者的個人魅力因而提高求職成功率，而且也是對求才公司的一種尊重。如果能做到這一點，就已經向成功邁出了一大步。

1・打造良好的第一印象

　　在面試中要想有良好的第一印象，請先注意穿著。

　　有人會有異議：「穿著哪會成為問題？面試的內容最要緊。」

　　當我們看見一個成年人穿了一條牛仔褲時會有輕佻的印象嗎？看某人穿的長褲褲管正中沒有一線，會有「不好看」之感嗎？如果答案都是「Yes」的話，那麼我們就不能不正視現實。留意自己的服裝吧，這意思並不是穿上最流行的、最為時髦的衣服，只是要穿得使人有整齊、清潔之感，至於衣服是新是舊、質料是好是壞，這都不成問題。

　　美國有許多大公司對所屬雇員的裝扮都有「規格」，所謂規格不是指定要穿什麼、怎麼好看或指定衣料，而是「觀感」和「水準」。面試時穿著應注意現在的 6 個問題。

(1) 鞋擦過了沒有？

(2) 褲管有沒有線？

(3) 襯衫的扣子扣好了沒有？

(4) 鬍子剃了沒有？

(5) 頭髮梳好沒有？

(6) 衣服的皺紋是否注意到？

　　的確，不要過分嘲笑「先敬羅衣後敬人」的這種社會陋習。我們進行面試時，應該重視一下自己的穿著，不然的話便要遭受一些不必要的失敗。面試本身就是表演，形象決定成功，出色的面試禮儀會為我們帶來想要的職位。

　　一旦你走進某間辦公室開始面試，你的整個前途也許就取決於你在 15 分鐘、30 分鐘或者 60 分鐘內的表現了。求職應試，正如表演那樣，需要充分準備，其目的就是用你的談吐展現一個完美的你，讓你的光芒蓋過其他人選，因而贏得雇主的掌聲。

　　如何在面試中保證形象出眾？以下的一些建議能指引你努力的方向。

(1) 面帶微笑，容光煥發。臉上帶著愉快、輕鬆和真誠的微笑會使你處處受歡迎。

(2) 留心你的一舉一動。不僅要留心你的衣著、你的談吐，還要注意你的肢體語言、臉部表情、姿勢、儀態和手勢等。如果你是新手，那就表現出莊重；如果是老手，那就表現出活力。

(3) 始終做出積極、肯定的反應。不要使用那些帶有否定色彩的詞（例如厭惡、不想要、拒絕等）。

(4) 以最佳方式在最佳時間開始面試。有些人說面試的前 60 秒決定了是否會被錄用，那麼應試者要盡量在前幾秒之內便給人留下好印象呢。

(5) 不要局限於一兩個字的回答。雇主常說，員工的交流技巧是他們最看重的才能。因此，僅局限於一兩個字的回答是不合適的。

2・根除不雅的陋習

面試時，個別求職者由於某些不拘小節的不良習慣破壞了自己的形象，使面試的效果大打折扣，因而導致求職失敗。

(1) **手**：這個部位最易出毛病。如雙手總是不安穩，忙個不停，做些玩弄領帶、挖鼻孔、撫弄頭髮、掰關節、玩弄考官遞過來的名片等動作。

(2) **腳**：神經質般不停地晃動、前伸、翹起等，不僅人為地製造緊張氣氛，而且會顯得心不在焉，相當不禮貌。

(3) **背**：哈著腰、弓著背，似一個「劉羅鍋」，考官對這樣的求職者絕對是沒有信心。

(4) **眼**：或驚悼失措、或躲躲閃閃，該正視時卻目光遊移不定，這給人缺乏自信的印象，容易使考官產生懷疑；另外，雙眼一直注視著考官，又難免給人以壓迫感而招致不滿。

(5) **臉**：或呆滯死板、或冷漠無生氣，這種表情不能打動人，一張活潑動人的臉才最重要。

(6) **行**：有的人手足無措，慌慌張張，明顯缺乏自信；有的人反應遲鈍，不知所措。這些會自貶身價，考官也會看不起這種人。

面試時，這些壞習慣一定要改掉，並且自始至終保持斯文有禮、不卑不亢、大方得體、生動活潑的言談舉止。這不僅可大大提升求職者的形象，而且往往能使成功機會大增。

一位面試官說：「恰如其分的自我包裝能提升求職者的個人魅力和應徵的成功率，而能悟出其中真諦的大學生似乎並不多見。」

這位多次主持招聘工作的面試官認為，在應徵的女大學生中，不少人形象氣質俱佳，只要適當包裝一下就能使人耳目一新。可令人遺憾的是，有的人不是打扮得過於花俏或過於成熟莊重，就是索性素顏朝天過於隨便。他曾見到一位從外地趕來應徵的女大學生，下了火車臉沒洗、頭沒梳就直奔招聘會場。「我看她的履歷很不錯，但是她蓬頭垢面的形象實在讓我難以接受，這樣的『包裝』破壞了我對她的第一印象。」

面試是一種雙向交流，靠語言，也靠非語言的表情、動作。據研究證實，兩個人交流得到的印象，有 65% 是建立在非語言交流的基礎上。如果一個人的身體語言與其言語相矛盾，人們寧願相信他們所看到的，而不是對方所說的。這項研究還顯示，那些善於用眼睛、面部表情甚至小動作來表現自己情緒的求職者的成功率遠高於那些坐姿僵硬、表情呆板的人。

表情、動作是非常重要的表達形式。面試中，一個讓人反感的坐姿、一個令人討厭的動作、一個使人不快的表情，都會使求職者丟失形象分。

說好開場白

走進面試考場，應試者應盡量放鬆自己，表情自然，面帶微笑，給人以真誠、親切的印象。通常情況下，主考官都會以一句充滿感情色彩的客氣語引入試題，如「歡迎你來我們某某公司應徵，我們期盼你獲得好成績！」這時應試者可以微笑著點頭致意，也可以說聲「謝謝」。

在主考官沒有請坐之前，不要急於坐下。在主考官說過「請坐」之後方可坐下，挺直身子，目光注視著考官。主考官會很快切人正題：「請你簡單談談自己的經歷和特長」。

這是每個求職者都應精心準備的內容。現實招聘面試中，不少求職者回答這一問題時顯得瑣碎、囉嗦、沒有條理。有的從上小學談起，初中、高中、有什麼經驗、表現怎樣等等，過於詳盡；有的甚至什麼時候結婚、什麼時候生孩子等家庭情況也詳細介紹，不僅占用過多時間，而且讓人乏味。

那麼，應該怎樣介紹自己呢？

下面是一位求職者面試時的自我介紹：「我的經歷非常簡單。18 歲時我高中畢業沒有考上大學，進入某工廠當上了一名車工。從此，我操刀切削 10 多年，其間 3 次參加全市車工職位技術大比武，榮獲兩次第 3 名、一次第 2 名。去年企業破產，我離職失業。離職後參加過 3 個月的電腦培訓、

3 個月的英語培訓，取得兩個專業證書，為我掌握現代化的數控車床打下了基礎。聽說貴公司招聘技工，我覺得我是比較合適的人選。」主考官微笑著頻頻點頭。

從上例中可以看出，介紹自己履歷時可以從參加工作時講起，不要拉得太遠；經歷中重點介紹自己從事什麼工種、有何特長，凡與此無關的都可省略；能夠顯示自己優勢的可以講得詳細些，而且與應徵內容聯繫起來。例如，3 次參加技術比武獲獎、2 次參加技術培訓，都顯示出求職者的技術水準，正投招聘者所好，立刻引起了主考官的興趣。當然，介紹自己經歷中的成績時，要注意口氣，既巧妙地表露出來，同時又不顯示出自我吹噓的痕跡，給人以自信、謙遜、不卑不亢的印象。

一段短短的自我介紹，是為了展開更深入的面談。幾分鐘的自我介紹猶如商品廣告，在短短的時間內，針對「客戶」的需要，將自己最美好的一面毫無保留地表現出來。它不但要能給對方留下深刻的印象，還要即時引發起「購買欲望」。

自我介紹若想達到預期效果，首先必須知道自己能帶給公司帶來什麼好處。不能空口講白話，必須有事實加以證明，最理想的方式就是能夠「展示」過去的成就。例如曾為以往的公司設計網頁，並得過獎項或讚揚。當然，這些例子都必須與現在公司的業務性質有關。職位愈高，自我認識就愈重要，平時應將個人的成敗得失記錄在工作日記中，這樣就可以時刻清楚自己的弱點與強項。

清楚自己的強項後，便可以開始預備自我介紹的內容，包括工作模式、優點、技能，突出成就、專業知識、學術背景等。在僅有的短短幾分鐘，一切話題還是應與該公司有關。如果應徵的是一家電腦軟體公司，應說些電腦軟體的話題；如果是一家金融財務公司，便可說些錢的事。要投其所好，但必須謹記，話題所到之處，必須突出自己對該公司將會做出的貢獻，如增加營業額、減低成本、發掘新市場等。

敘述的次序也極重要。是否能抓住聽眾的注意力，全在於事件的編排

方式，排在首位的應是自己最想讓別人記住的事情，而這一般又都是個人最得意之作。同時，建議不妨呈上一些有關的成果，如論文或獲獎證書等，以增加印象分數。

身體語言不管其內容如何精彩絕倫，沒有美麗的包裝仍無濟於事。在自我介紹中，必須留意自己各方面的表現。切忌以背誦朗讀的口吻介紹自己，最好事前找些朋友做為練習對象，盡量讓聲音聽來流暢自然、充滿自信。

推銷出獨特的自己

面試官往往接待求職者若干名，相同的問題也會問若干遍，因此，面試官都會有枯燥、乏味之感。只有那些具有獨到的見解和個人特點的回答，才會引起對方的興趣和注意。

獨特的談話風格和交談方式能獲得信任和尊重。面試時，不必為了尊重對方或討好面試官而不管他說什麼問什麼都一味地回答：「是的，是的。」現在許多用人單位需要的是有主見的工作人員，如果表現得不能自主，日後也無法果斷地執行單位交辦的事情。因此，最好能把自己的主張說出來，沒必要膽怯。

同時還要注意不要模仿別人。人們往往刻意仿效那些被認為是成功的著名人物的談話風格，其實這是沒有必要的，因為每個人都有自己的風格，即使全部仿效，人們還是能區分。因此，按照自己的方式去交談是最恰當的方法！

無論多麼高明的求職老手，對於自己「鍾情」的公司的面試，雖表面能從容不迫、侃侃而談，但內心仍是步步為營、小心謹慎。其實，要顯出自己的與眾不同，只要掌握一些看似微不足道的「細節」，就能瀟灑自如，維持面試的良好氣氛。

1・保持積極應答狀態

面試官常常會提出或觸及一些讓應試者難為情的事情。很多人對此面紅耳赤，或躲躲閃閃、或撒謊敷衍，而不能誠實作答、正面解釋。比方說面試官問：「你為什麼 5 年中換了 3 次工作？」有人可能就會大談工作如何困難、上級不支援等，而不是告訴面試官：「從事不同的工作，豐富了我的知識面，自己也因此學到了許多，也成熟了很多。」這就是一種很特別的回答。

2・勿與面試官過分套交情

具備一定專業素養的面試官是最忌諱應試者和他套交情的，面試中雙方關係過於隨便或過於緊張都會影響面試官的評判。過分套交情會在客觀上妨礙應試者在短短的面試時間內，充分進行專業經驗與技能的陳述。聰明的應試者可以列舉一至兩件有根據的事情來讚揚招聘單位，因而表現出對這家公司的興趣。

要善於多正面表達自己，多讓面試官了解自己，多讓面試官看到自身的獨特之處，不妨多準備些生活中得與失的小例子和一些自認為比較成功的案例。

3・顯示不同之處

下面這個求職經歷告訴我們，善於抓住對方的「弱點」，才能出奇制勝地顯出自己的特點。

王麗是一個普通的女孩子，相貌平常，臉上還有一塊大的傷疤。畢業前她應徵過十幾家公司，有些企業看了她的履歷很滿意（履歷上的相片是藝術照），但到了面試，卻委婉地拒絕了她。畢業後半年她都沒找到工作。

就在王麗心灰意冷時，看到報上一篇文章，說現在有不少老闆熱衷於招聘美女做秘書，而後竟發展為情人，結果被老闆的妻子發現而鬧不和甚至離婚……

看完此文，王麗靈機一動，開始專找一些夫妻檔的私人公司去應徵秘書一職，並附上生活照。結果，她跑了五家這類企業後，透過面試被該市一家最大的私人公司聘為男老闆的秘書，月薪 50,000 多元！

這個故事聽起來似乎有些不可思議，但它的結果卻不得不讓人們深思：在眾多的求職者中，要想抓住面試官的注意力，就必須彰顯自己的不同之處。

4・善於打破沉默

有很多人面試開始時，不善「破冰」（英文直譯，即打破沉默），而是等待面試官打開話匣；面試中，又出於種種顧慮，不願主動說話，結果面試出現冷場，即便勉強打破沉默，語音語調也極其生硬，場面更顯尷尬。實際上，無論是面試前或面試中，面試者主動致意進行交談，會給面試官以熱情和善於交談的良好印象。

5・善於向面試官提問

有些人在不該提問時提問，如面試中打斷面試官的談話而提問；也有些人面試前對提問沒有足夠準備，輪到有提問機會時不知說什麼好。事實上，一個好的提問勝過履歷中的無數筆墨，會讓面試官刮目相看。

與不同性格的考官過招

面試時的考官是高高在上的大老闆，還是靦腆可愛的人力資源部的小妹妹？如何討他們的「歡心」？求職者一般都有實力鋪底，此時，策略就顯得格外重要。身為求職者，應當練就與不同類型考官溝通和諧的方法。

孫子兵法日：「知己知彼，百戰不殆。」對不同類型的考官有不同的交流方式，一般來講，面試官分為以下幾種表現形式。

(1) **性格外向型**：充滿活力、善談、肢體語言豐富、富有感染力、表裡如一。

(2) **性格內向型**：外表冷峻、不喜形於色、不善言談、幾乎無任何肢體語言、喜歡沉思默想而後出言表達。

(3) **性格感應型**：語言簡潔精鍊、直述其意、無想像力、求實際、重事實。

(4) **性格直覺型**：談話高深莫測、喜歡用修辭和成語、談吐和表情模糊及含混。

(5) **貌如思想家型**：富有嚴密的邏輯思維能力、善用分析和推理、性格敦厚。

(6) **敏感試探型**：友好、溫和、善解人意、富有同情心、善用外交手腕、處事圓滑。

(7) **貌如審判官型**：非常嚴肅和冷靜、具有權威感、任意判斷、獨斷專行。

(8) **貌如觀察家型**：較活潑、善用遊戲等方式測試候選人、好奇心強、想法隨意。

一般說來，對於不同的考官，我們可以採用以下 8 種應對方法。

(1) **順從傾聽式（針對第一種性格外向型）**：隨他們去說，我們只要做個好聽眾，面帶微笑、頻頻點頭、心領神會；時而溫和平靜、時而大笑、時而作驚訝狀、時而作陶醉狀。

(2) **溫和提問式（針對第二種性格內向型）**：時而提問、時而傾聽；不要打斷他的談話、要有耐心，給他時間去沉思默想。

(3) **直截了當式（針對第三種性格感應型）**：直接切入正題；問一句答一句，有理有據，不要誇誇其談；直接闡述自己的實際工作經驗，最好引述一兩例成功案例。

(4) **假裝領悟式（針對第四種性格直覺型）**：盡力保持談話不要間斷，也可以引用成語和典故；要表現創造性和不同尋常的思維；強調自己已經領悟了他高深莫測的寓意。

(5) **嚴密答題式（針對第五種貌如思想家型）**：回答問題要邏輯嚴密，與其

觀點和立身之道保持一致。

(6) **善解人意式（針對第六種敏感試探型）**：要溫和、平穩；表現出自己的熱情助人行為、通情達理和為他人著想的美德、協調組織和善於溝通不同人之間關係的能力。

(7) **被馴服式（針對第七種貌如審判官型）**：要有充分準備且隨機應變；謙虛謹慎，多徵求意見，表現出自己服從組織安排。

(8) **期待回應式（針對第八種貌如觀察家型）**：要熱烈回應他的任何提議，積極參與、協助各種測試；時刻期待著回答他提出的各種問題，有選擇地回答，不要勉強做出評價和表達自己的意思。

千萬別把自己給賤賣了

除了希望找到工作，對於年輕人來說，他們最大的希望莫過於在應徵公司裡得到一份令人滿意的薪水待遇。在這種情況下，求職者需要學會在應徵時打一場價格「心理戰」。

首先，要大膽展示自己的實力和潛力。在對方還不了解自己的時候，切忌先打聽月薪底數，這反而會起負面作用。在詳細介紹自我能力以後，再涉足對方領域，具體表述一下在對方業務上自己有何專長、經驗和優勢，對業務開拓的發展思路和對策等，以取得對方好感。

其次，後發制人、隨機應變。有經驗的求職者，總是面帶笑意地恭請對方先開價，即使合乎自己的意願，也不喜形於色，而是略為沉吟思考後，再表示可考慮先接受下來。如果對方堅持求職者開價或開價不合意時，則要隨機應變、有所鋪陳。比如：向對方講明類似職位通常的薪金範圍、大公司和中小企業對此類職位的開價差距等，讓對方心理上存在一個可比價位。

最後，巧妙迂迴。一般對方對求職者的報價總會提出過高，這時最有效的方法就是採取「收益分割法」，把所要求的薪金分割成幾部分：「這種收

入其中 50% 是基本薪資，20% 是各種勞保性開支（醫療保險、養老保險、失業救濟金等），還有 30% 是風險性收益，即完成目標任務後才能兌現的利益。」經此分析，對方也會覺得合情合理、拍板成交。

值得注意的是，年輕人在自抬身價時要堅持以下原則。

1·適度

所謂適度是指不要把價錢抬得超過自己的能力。一位小職員明明只能拿一個月 30,000 元的薪水，但他卻說一個月拿 100,000 元，這已是主管級的待遇。看看他的專長、年齡和能力，別人會發現這身價根本是在吹噓，這種自抬身價反而成為一種負債。另外，如果抬得太厲害，別人信以為真，錄用了對方，結果發現其能力很欠缺，這樣的自抬身價會帶來破產！

2·參考行情

低於行情則有低價傾銷的味道，別人會將其當廉價品看，不會珍惜。如果確有能力，可把身價抬得比行情高一點。但如果高出行情太多，則需要有成績做後盾。

3·在適當的時候再抬

如果時時都在談自己的身價，就會變成吹噓，反而沒有人相信。抬身價必須要在適當的時候。

不管從事哪一種行業、擔任什麼職務，都不必謙虛客氣，可以適度地自抬身價。

自抬身價另外一個好處是可以肯定自己，並成為敦促自己不斷進步的動力。

初入職場的年輕人，有必要學習有技巧地自抬身價的藝術。事實上，這種行為我們隨時隨處都可見到。例如演員提高片酬、主持人提高主持費、演講者提高鐘點費、公司的同事要求老闆加薪等，這些動作都是自抬

身價！

　　在就業市場裡，人也是一種商品，各有各的身價。身價太低，別人看不起；把身價提高了，反而會讓人覺得此人真了不起，是個大人才！

走好最後一步棋

　　面試本身就是一個完整的過程，其中任何一個環節有瑕疵，都會影響到錄用人選的決定。許多人在面試結束前表現得可圈可點，但在最後一關卻陰溝翻船，慘遭「滑鐵盧」，前面的努力也付諸流水、功虧一簣。

　　應試者做完自我介紹後，主試人會相應地提出問題，然後轉向談工作。面試官會把工作性質、內容、職責先介紹一番，接著讓應試者談談自己今後工作的打算和設想，爾後雙方會談並涉及福利待遇問題。這些都是高潮話題，談完之後，應試者就應該主動做出告辭的姿態，不要盲目拖延時間。

　　如果是求才公司約請參加面試的，那麼何時告辭應視對方的要求而定，不能在對方未告知的情況下單方面提出。一般情況下，面試的所有提問回答完畢後，面試結束，如果對方說「今天就談到這裡吧，請等候消息（通知）。」這時應試方可告辭離開。

　　如果是直接上門聯繫工作，那麼何時告辭就應適當主動些。身為主動拜訪者，從禮節上看，對方不好主動提出結束，只能從行為舉止上表現出來。如果對方心不在焉、焦躁不安，或不時地看錶，這就是下逐客令的信號，此時，應試者應有自知之明，主動提出告辭。

　　一般在面試快結束時，面試官都會提出一些象徵性的問題，這一定不要疏忽，一時的「糊塗」便讓人後悔不已。一般的問題有如下幾種。

1·你何時能來上班

聽到這類問題,應試者切不可沾沾自喜,因為這並不是可以考慮錄用的資訊,而是對方用這種問題來考查其責任心。通常,求職者離開現在的單位,是要先將手中的工作交接完畢,而客戶關係、用品上繳、財務報銷、同事關照、保險手續等多方面的業務交接,也需要時日,若求職者急不可耐地說馬上或隨時可以上班,會被認為是缺乏責任感,有可能對其不信任而失去機會。

2·你如何看待所應徵的職位

通常,各個職位在責任、權利、利益、分工、合作、技能、技巧等方面都有明確的要求,而且往往是區別於其他職位的。在專業化日益增強的今天,「萬金油」式的員工越來越不被看好。所以求職時切不可說「我能做這,也能做那」,而應明確各職位在管理的半徑、層面、空間上是有著很大差別的。

3·你如何看待本單位

無論此前對該單位是否有所了解,客觀地說一說對其觀感和印象是有益的;而當要說到對方的弊端或缺陷時,不要一味否定,可以說「若在 ×× 方面再加以注意也許會有較大的改善」,這會讓人覺得求職者很有觀察力,又有寬宏大量的氣度、改善面貌的欲望和能力,這是受歡迎的。

4·你對自己未來的工作有何考慮

此問題主要考查求職者對自己未來職業的設計能力、職業的穩定性、對職業的忠誠度。回答時,在不違背原則的前提下,應盡量具體而切實,表現自己的明確取向,這是關係成敗的重要因素。一個善於動腦筋和領會別人意圖的人很容易得到別人的賞識。

其實,走好最後一步棋並不需特別準備,只須稍加注意小節即可。例

如，主考官稍顯坐立不安或頻頻看錶，應試者不妨以善解人意的口氣問主考官「是不是後面還有重要的事等著您處理？可能的話我們盡快結束面試，不多打擾了！」如此一來評分表上「懂事」一欄，會有極高的評價。

當主考官宣布面試到此結束時，面試者應一面徐徐起立，一面以眼神正視對方趁機作最後的表白，以突顯自己的滿腔熱忱。比如說「謝謝您給我一個面試的機會。」或是「如果能有幸進入貴公司服務，我必定全力以赴。」然後欠身行禮，輕輕把門關上退出面談室。若面試時間較長，結束時，可以讚揚面試官在面試過程中使你獲益匪淺。許多負責人事聘用的主考官都強調，求職者退出面談室的態度相當重要，背脊直挺、從容不迫的人必然是一流的人才。

面談結束後，切勿將自己帶去的物品遺忘在對方公司，小小的一支筆、記事本或是身分證件等閃失卻可能給對方留下粗心大意的壞印象，以致前功盡棄。還有些人在一陣口沫橫飛的暢談後，臨走之時叫錯主考官的姓名或職稱，這種情形最容易發生在主考官不止一位時，應試者應特別留心。一出面談室，必須先到候客室或詢問台向方才負責傳達或接待的人員道謝後再行離開，這也是做人的基本禮貌。

面試應該注意的 8 個細節

所謂「細節決定成敗」。在眾多求職者中，有不少人一味地標榜自己的能力，不注意一些所謂的「細節」。事實上，一大堆履歷、證書、獎狀，僅僅是紙面上的榮譽，而求職者面試時的言談舉止、舉手投足倒是一種現身說法。這些至少可以說明一個人的修養，而個人的修養卻是伴人一生的財富，是成就大業的基礎。求職者在應徵時一定要注重以下「細節」。

1．忌失約遲到

遲到和失約是面試中的大忌。這不但表現出求職者沒有時間觀念和責

任感,更會令面試官覺得求職者對這份工作沒有熱忱,印象分自然大減。守時不但是美德,更是面試時必須做到的事。應提前 10 ～ 15 分鐘或準時到達,如因有要事遲到或缺席,一定要儘早打電話通知該公司,並預約另一個面試時間。即使匆匆忙忙趕到公司,在心情還未平靜時進行面試,表現自然也會大失水準。

2.忌數落別人

切勿在面試時當著面試官數落現任或前任雇主、同事、同學、老師的不是。這樣做不但得不到同情,反而會令人覺得此人記仇、不念舊情、不懂得與別人相處,招來面試官的反感。

3.忌說謊邀功

面試時說謊、偽造「歷史」或將不屬於自己的功勞「據為己有」,這些方法即使暫時能瞞天過海,但終有謊言被揭穿的時候。因此,面試時應實話實說,雖然可以揚長避短,卻不能以謊話代替事實。

4.忌準備不足

無論求職者的學歷多高、資歷多深、工作經驗多豐富,當面試官發現其對申請的職位知之不多、甚至連最基本的問題也回答不好時,印象分自然大打折扣。他們會覺得求職者準備不足,甚至根本無志於在這方面發展。因此,面試前應做好充足的準備工作。

5.忌盲目應徵

一些求職者對應徵的公司或職位不甚了解,有時甚至應徵一個公司的多個職位,這給人的感覺是缺乏誠意和責任感。這樣的求職者不但做不好自己的本職工作,而且還會給別人的工作帶來麻煩。

6・忌誇誇其談

　　過分吹噓自己、誇大自己的實際才能，這會給人造成「言過其實」、「過於自負」的印象，高水準的主考官只需透過兩三個問題就能徹底了解求職者的真實能力。如果畢業生為了給用人單位留下「社會經驗豐富」的印象而刻意裝扮老成、口若懸河，其結果只能是適得其反。

7・忌缺乏個性

　　充滿個性魅力的人在求職中可以獲得一定優勢。比如一個應屆畢業生成績不好但幹勁十足，這很容易引起對方的注意；談話風趣則能博得人事經理的好感等。相反，那些缺乏個性的人很可能不受歡迎。例如，一些剛踏入社會的青年學生，常常由家長或其他家屬陪同到面試現場，他們唯恐孩子涉世不深、不能正確應對面試中的問題而失去工作的機會。但是這一做法會使面試者產生懷疑，一個事事由別人包辦的人是否有能力獨立應付工作的壓力。

8・忌缺乏靈活性

　　有些求職者的回答過於模式化，給人的感覺不夠活躍。比如一些在校成績優秀的畢業生有「死讀書」的致命弱點，動手能力、創新能力、協調能力會相對差些，而且一般都還缺乏社會經驗，這是十分不利的。

面試中常見問題的破解之道

　　面試中，有些主考官的問題看似稀鬆平常，其實機鋒暗藏；有的主考官的問題則咄咄逼人，常令求職者手足無措。以下羅列幾個常見的面試題目，詳細剖析這些問題背後的玄機。

面試第 1 問：請先做一下自我介紹？

先談談你自己吧？

請您對自己作一個坦率的、真實的評價。

最能概括你自己的三個詞是什麼？

請在 1 分鐘之內對你從前的情況做一下簡單的介紹。

問題分析：面試時，在基本的寒暄之後，求職者被提問的第一個問題往往是這樣的開放性問題。

這並不是要求職者漫無邊際地講述自己，必須要注意時間的限制。假如問題的含義不清楚，在回答之前，有必要對這個問題做更多的了解。在這種情況下，不妨問：「我的背景中有無一個具體的方面將與你們最相關？」這就可以透過主試人幫助來找到合適的焦點，避免敘述一些無關緊要的東西。無論回答最終的方向如何，都應確保其與自己的職業努力方向有一定的相關性，所敘述的內容應該突出或提到自己一個或多個重要的行為特徵——誠實、自信、易相處或決心；或者可以將自己描述成一個能與多種人交流的人，並從個人生活中找出表示這種能力且能應用於工作上的事例。我們要清楚，這不是一個即興就能給出有效回答的問題。主考官深知回答此類問題必須花一定時間審視自己，然後經過良好的組織方能從容回答。在回答中，那些自己的個性或背景中具有的、與應徵職位相關的必須突出強調，這對於主考官判斷一個人的基本素養是非常重要。

破解方法：自我介紹其實是為了促成更深入的面談。它猶如商品廣告，可以在短短時間裡，針對「客戶」的需要，將自己最美好的一面，毫無保留地表現出來，這不但令對方留下深刻的印象，還能即時引發「購買欲」。

自我介紹要想一矢中的，首先必須知道自己能帶給公司什麼好處。不能空口講白話，必須有事實加以證明。最理想的方式就是「展示」過去的成就。這些例子都必須與現在公司的業務性質有關，投其所好，清楚表述自己的強項。話題所到之處，必須突出自己可以對該公司做出的貢獻，如增加營業額、降低成本、發掘新市場等。

　　自我介紹內容的次序也非常重要，是否能吸引主考官的注意力，全在於編排方式。排在頭位的，應是最想讓他記得的事情，一般都是自己最得意之作，還可呈上一些有關的成果，如論文中獲獎證書等，以增加印象分數。切忌以背誦朗讀的口吻介紹自己，最好事前找些朋友當練習對象，盡量令聲音聽來流暢自然、充滿自信。身體語言也是重要的一環，尤其是眼神接觸，這不但令聽眾專心，也可表現自信。一項報告指出，日常的溝通，非語言性的占了 65％。所以，若想面試成功，必須謹記：注意自己的身體語言。

　　建議求職者使用「定位陳述」（履歷的梗概）作為基礎開始回答。比如，讓我先談談我對這行的了解好嗎？是否我可以談談我在這行業當中取得的一些工作經驗？這樣就將原本範圍廣的問題集中到有關工作職位上，既可以表現自己在這行業的本錢，又可以談談在履歷上未提及的個人經歷和成果。「你對自己最滿意的地方是哪裡？」與「請做一段自我介紹」意義是相同的，不光是回答的內容，連求職者是否禮貌也都會列入評分專案內，因此最好加入「朋友曾這樣說」等周圍的人對自己的看法。

　　筆者在調查研究過程中，曾觀察求職者就此回答的情景，相當多的人都是介紹了自己的姓名、專業、畢業學校等基本情況。表面上看，這樣回答符合答題規則，但如果換位思考，我們會發現，考官通常是看著我們事前所寄的求職信進行面試的，我們的回答是重複的。一般來說，考官想透過自我介紹，了解求職者的個性特點，及這些特點是否適合目前應徵職位。據此，我們可以給應徵飼料企業售後服務職位的獸醫專業的學生設計這樣一個答案：我非常樂意向貴公司介紹自己。我的基本情況，求職信上已寫明，這裡就不再重複介紹了。要強調的是，我性格豪爽，善於交友；語言表達能力較強、樂於人際溝通。這些特點可以使我在售後服務工作中與客戶在業務上進行良好溝通，並生活上廣泛結交朋友，這對鞏固老客戶、發展新客戶都有利。因此我認為我的性格最適合做飼料公司的售後服務工作。

　　分析上述答案，我們不難發現它有三個優點：一、言簡意賅：整個答案在 1 分鐘左右即可說完，而且意思表達到位；二、重點突出：整個答案圍繞

著溝通、交友展開,個性特點一目了然;三、中心明確,即以工作需要為中心,適應面試考官的需求心理。

糟糕表現:無論我們的回答從哪裡談起,滔滔不絕地講上一兩個小時都不是雇主所希望的,它主要檢測我們是否能選擇重點並且清楚、流暢地表達出來,提問者想讓求職者把背景和想要得到的位置聯繫起來。許多應徵者會認為「我不是都已經寫在履歷中了嗎?為什麼還要再問?」有的甚至會以「這些我在履歷中都已經寫得很清楚了」作為答覆。我們必須明確考官的匠心所在:它需要求職者能真實、完全的暴露在他的面前。

如何用三個詞來概括自己,我們不妨用:適應能力強、有責任心和做事有始有終。求職者可以結合具體例子向主考官解釋,使他們覺得對方有發展潛力。在回答完畢後,主考官會盡可能找出你的不足,有時甚至會表現一種潛在的敵意:面試官者不時地看看錶、翻弄一下履歷表、接電話時滔滔不絕幾乎忘了求職者的存在……面對這種情況,你可以鎮定自若不卑不亢地應付,千萬不要試圖奉承或討好對方,面試官不會因此而變得和藹可親,他們是在考驗求職者要透過自己巧妙的回答和揮灑自如的風度拉近距離。

回答範例 1

「我來自一個小家庭,有一個弟弟,父母都還在工作。中學畢業後,我攻讀市場行銷學士。其間在一家商業機構擔任行銷人員,學了不少管理方面的知識。後來我全權負責一個批發銷售公司的業務,銷售總額一年為 200 萬美元。在工作中,我學習到怎樣管理人事、在壓力下解決問題。我希望能更好地運用我的技能,相信我的經驗和學歷可以讓我面對未來更大的挑戰。」

評語

只簡單地介紹了個人歷史,很快將重點話題轉到與工作有關的技能

和經驗上來。求職者也可請面談者把他確實想了解的東西集中到某一點，可問「你是不是想知道我受過的教育，或者與工作有關的技術和經驗？」大多雇主都會樂意告訴對方他們感興趣的是什麼。

回答範例 2

有小孩子的求職者：「我有兩個小孩，都在上學。我的太太有穩定的收入，非常喜歡他們並悉心照料他們，這使我能安心地工作。」

年輕、單身的求職者：「我沒有結婚，即使結婚，我也不會改變做專職工作的打算，因為我喜歡透過工作來實現自己的價值。」

新搬來的求職者：「我決定在這裡長期居住下來，我已經和朋友租了一套公寓，從那到這裡的交通非常便利。」

身為撫養父母的求職者：「我有個愉快的童年，我父母住的地方離我只需幾個小時的路程，我一般利用週末去看望他們。」

有大量閒暇時間的求職者：「在我不去上班時，我主要待在家裡。我喜歡參加社區組織的活動，並且每週都要在展覽館參加義務講解工作。」

評語

上述回答都可以擴展，成為回答問題時的參考。要告訴面談者的是個人的情況並不影響工作能力，而且還能有幫助。如果個人生活會擾亂工作，雇主會很快失去耐心。因而，這不會成為他們的問題，也不應該成為他們的問題。

面試第 2 問：你為什麼要換工作？

能告訴我們你辭職的原因嗎？

在所有形式的面試中，「你為什麼要換工作？」都是一個必不可少的問

題,也是很難回答的問題,面試考官很可能因對方的不當回答而不考慮錄用。像其他面試問題一樣,回答此題的關鍵仍是首先使自己保持一個積極的態度。離職原因有很多:工作表現不好、適應能力不強、改換行業的需要、工作單調、錢的問題甚至是人際糾紛等等。如果將上述原因解釋給潛在雇主聽,只會造成不利的後果。要使自己始終保持積極的態度,應記住一個原則:永遠不要指責前任雇主,不要對以前的工作職位抱有微辭。否則,這些會給潛在雇主留下一個惹是生非者的印象。

抱怨只會給面試考官造成消極的印象,是面試中應竭力避免的。不論應徵什麼樣的職位,都要事先準備好對此問題的回答。應從面試考官的角度出發,比如說,「我離開原公司是為了尋找更好的機會」聽起來還是以自我為中心,而「我正在尋找一個更能讓我充分發揮技術和經驗的空間」則要好得多。要力求使答案簡單、精鍊,如由試考官還有疑問,則應發揮自身的知識與技能作為回答的基礎。

破解方法:這份新工作在事業發展中能提供更佳的學習機會。這樣說既表現了自己在這個行業的發展誠意,也表達了對事業的看重,而非「騎驢找馬」之輩。說一說對這行業、職位及公司的看法,這有助於展現求職者對應徵公司的認知,若能列舉此公司的發展業績、行銷情況,則更會有助於說明誠意。鑒於求職者的跳槽身分,在應徵時應盡量避免提及薪資、福利等問題,這會讓對方誤解求職者的跳槽目的只是為了賺錢。

糟糕表現:「原來的工作讓我很不開心。」「那裡的薪水太低。」「老闆有眼無珠,不能為我個人發展提供條件。」

千萬不要忙著辯白為什麼離開原來的公司,尤其不要把離開的原因都歸於公司不能「善待」自己,主考官會認為對方是個個人至上、唯利是圖的人。在當今社會,任何用人公司都強調職員的團隊意識和敬業奉獻精神。一個總在抱怨企業虧待自己,而從不反思自己在企業中成就了什麼,把薪水看得比什麼都重的人,是不會把工作當事業的。如果再說一些貶低舊上司的話,就更犯了「過河拆橋」的忌諱,人們會由此懷疑其職業道德。

面試第 3 問：告訴我們你最大的缺點？

你過去就職的公司對你不好的評價有哪些？

工作中你自我感覺還需要哪一方面的鍛鍊？

你認為你偶爾會犯的大錯誤或對自己有什麼遺憾？

你認為你偶爾會犯的錯誤都有什麼？

你對自己的表現最不滿意的是什麼地方？

問題分析：這是個棘手的問題。若照實回答，有可能直接被主考官「刪除」，企業不但注重員工的能力，更提倡誠實的美德。主考官的目的只是觀察對方在類似的工作困境中將做出什麼反應，是誠實還是掩飾。

大多數求職者對於自我評價的問題往往容易忽視，沒有人願意當眾談及到自己的不足之處。考官透過這類問題不僅給眾多求職者措手不及的開場白，同時可以從對方語言的表達方式中判斷求職者是否誠實和其應對能力。

破解方法：在考官的眼裡什麼樣的回答才是恰如其分的呢？首先，回答應誠實。圓滿地回答應該用簡潔、正面的介紹抵消反面的問題。我們可以跳過對方設下的圈套，說出一個很容易糾正的小毛病，例如「我看到大堆的檔案總會有些手忙腳亂，不過我已進修文書作業相關的課程，相信會應付自如的。」也可以對缺點做一個籠統的回答：「我這個人有時太認真，尤其是工作，這可能會很煩人。」這種回答常常會有先抑後揚、柳暗花明的驚人效果。我們還可以把問題放到過去時間：「我以前的老闆說我說話太快，我想現在會做得更好些的。」「我是一個完美主義者」這一回答既是正面回答，同時又提出一個可以提高工作表現的「缺點」。

迂迴地表達自己會盡可能彌補改進不足，這會讓對方認為求職者對自身缺點有清楚的了解。即便日後在工作中有什麼閃失，人們也會認為是其「先天」缺陷使然。所以，不具體談自己的不足，籠統地以「追求完美」概之，實能發揮左右逢源的效果。不管怎樣回答，都不要忘記最後強調一句：

「『人非聖賢，孰能無過』。有缺點並不可怕，可怕的是不敢正視、無力改正它。」

聰明的求職者既不掩飾迴避也非直截了當，而是聯繫大眾的共同弱點（例如人性的弱點等），結合目前行業的發展趨勢（知識結構不甚合理、專業知識不足以應對新的挑戰等）及個性中的缺憾（如過分追求完美、開拓精神不夠，或過於追求工作效率、小心謹慎不足等等），講講自己正在克服和能夠改正的弱點，談理想與現實中的差距，講那些表面是缺點但對某項工作卻有益的個性，相當於說：「我很醜可是我很溫柔」、「我很笨，但是我更忠於職守」等等，既展現了謙遜好學的美德，也正面回答了這一難題。心理研究顯示，人際交往存在三種狀態：權威式、理智式、衝動式。面試需要理智式的交往，而理智來自於充分準備、深思熟慮，而不是幼稚衝動。

一個人有缺點並不可怕，可怕的是不敢承認它、改正它，反而強詞奪理。從辨證的角度看，缺點與優點是相互轉化的，前提是要正確地了解缺點，實實在在地改正它。「橫看成嶺側成峰」，有些「缺點」對某些工作來說恰恰是優點。對有缺點的人來說，無論是消除誤會，還是坦然承認，都會使消極評價轉化為積極的評價。簡而言之，最聰明的「缺點」就是能夠衍生出優點的缺點。

糟糕表現：「我相信『金無足赤，人無完人。』比如，我不善於表達、性格比較遷就，有時脾氣比較急躁……」也許這樣說是為了表示自己有足夠的自知之明，敢於剖析自我，但是這種「你看我並不完美」的姿態，只會讓對方認定求職者是個有待完善的人。不要期望別人會認為「瑕不掩瑜」，暴露得越多，對方就越有可能懷疑其駕馭工作和處理人際關係的能力。一旦所說的「缺點」恰恰是對方最深惡痛絕的，那就沒有任何嶄露頭角的可能。

回答範例 1

「工人們指責我對工作太投入。我經常提前一點上班以安排好我的工作；晚一點下班，使要做的事得以完成。」

回答範例 2

「我需要學會更耐心一點。我的性子比較急，我總要把工作趕在第一時間完成，我不能容忍工作怠慢。」

評語

回答雖是自身的缺點，但卻表現了正面的效果，對工作的積極抵消了負面效果。

面試第 4 問：你為什麼選擇我們的公司？

能否談談你所了解的我們公司的情況？

你對我們公司有什麼認識？

你對我們的印象如何？

告訴我三件關於我們公司的事情。

問題分析：這是公司想測試求職者對該公司的興趣及進公司工作的意願到底有多少。如果回答「完全不了解」，那就沒有必要再說下去了，最好要記住公司簡介內容及應徵人事的廣告內容，最好的回答就是「因為對該公司的 ×× 點相當有興趣，所以我來應徵。」

這個問題一方面考察求職者的觀察能力，是否能在很短的時間內客觀地評價公司的具體情況；另一方面考察求職者是否真正有誠意前來應徵，對於大多數求職者來說，面試前能詳細了解一些招聘公司的情況是對公司尊重和有誠意的最直接表現。

破解方法：首先要事先了解一下企業背景，也就是要事先做一些調查。具體了解的問題包括：企業所在國家的背景、企業所處整體行業情況、企業產品、企業客戶群、企業競爭對手、企業熱門話題以及企業的組織結構等，若有可能，最好再多了解一下這個企業大老闆和部門經理的情況。這些足以顯示出求職者對該企業的興趣和嚮往。在當今資訊時代，不妨上網

到企業的首頁中查找一些資訊，會有很大收穫。儘管自己灌輸了很多企業的資訊，但只有自然而然的流露出來才能達到真正的目的，不要有賣弄之嫌，考官了解的一定比求職者知道的更深刻，隨時會給其表現打分。

其次要事先準備問題，仔細考慮：他們會問我些什麼呢？不妨進行模擬面試練習，在校學生應更多地爭取這種鍛鍊的機會。

最後要充分利用在公司等待面試的時間，仔細觀察公司內的所有事務，包括設備和職員在內的所有細節，盡量發現值得稱道的地方，然後提一些小的建議。這些建議一定要避免過於理想化，要推陳出新、匠心獨具，這樣可以展示自己的才華。同時，求職者為了表明求職原因及工作意願，回答時最好是能與應徵公司的產品及企業相關，最好不要回答有發展性、安定等原因，要表現出自己已經充分研究過該企業。

無論此前對該公司是否有所了解，客觀地說一說自己的觀感和印象是有益的；而當說到對方的弊端或缺陷時，不要一味否定，而以「若在 ×× 方面再加以注意也許會有較大的改善作為結尾」，會讓人覺得此人有觀察力、寬宏大量的氣度和改善面貌的欲望和能力，這是受歡迎的。

糟糕表現：「不錯，都不錯」，這樣的回答讓主考官覺得此人沒有多少主見，企業是堅決杜絕這種現象在團隊中出現的；「我覺得有很多問題亟待改進，比如……」，這種回答是很危險的，當然如果能一針見血地指出問題的實質，則可以扭轉整個局面，給考官留下非常深刻的印象。而如果只是泛泛而談，會引起主考官的衝突情緒，因為從另一個層面理解，這種回答無異於對他們工作的否認，所謂鋒芒不可露就是這個道理。

回答範例：「我並非要尋找另一份薪水，我喜歡我的工作並以我的職業為榮。貴公司的產品超群、提供的服務一流，這也是我追求的價值觀。這樣的價值觀可以使我符合這項工作的要求並為我們的工作團體增添力量。」

面試第 5 問：你如何看待事業和家庭？

你認為金錢、名譽和事業哪個重要？

事業和家庭發生衝突時你如何處理？

你對經常加班影響家庭有什麼看法？

您有多少時間可以用來出差？

你是否曾經把工作帶回家去做？對這種行為，你是如何看待的？

問題分析：如果說，前面的問題帶有普遍性的話，那麼主考官拋出這個問題，卻是衝著對方價值觀而來。對男性求職者而言，這似乎從來都不是問題，因為從傳統定位來說，家庭是男人的港灣、女人的城堡。這類問題其實主要是針對女性求職者，對於她們而言，事業女性與家庭主婦角色的定位往往給求職帶來雙重角色的困惑，使她們既失去了「溫柔」，又難以「堅強」。所以說，與其強調自己不會因家庭事務影響工作，倒不如坦然承認自己知道同時做一個妻子、母親對職業婦女意味著什麼？對於肩負事業和家庭兩重責任的女性來說，在兩者之間如何找一個平衡點，進行恰當的處理，是主考官比較感興趣的。關於是否能加班的問題，這是針對「工作熱忱」而問的，當然求職者最好回答「只要在自己責任範圍內，都不能算是加班」較有利。

破解方法：從人生觀角度講，這個問題是考官給出的一道單項選擇題，如果選擇就被考官誤導。對剛畢業的大學生來說，這三者都很重要，考官的誤導是透過一個暗示的前提條件：這三者是相互矛盾的，只能選其一。我們必須冷靜分析，明確指出這個前提條件是不存在的，再解釋三者對我們的重要性及其統一性。

涉及事業和家庭的選擇是有些突出性別的問題。身為職業婦女，在角色分配上應該強調自己會有清醒的意識；身為職業男性，更應強調自己明確在兩者之間衡量與處理的技巧。這樣說，既可表明自己知道擇業後面臨的壓力，也可以讓對方確認自己身為職業工作者的素養，只有不回避問題，才能找到解決問題的出路。我們要能清楚了解精明幹練的職業生涯與構築溫暖家園之間的衝突和矛盾，這說明我們有足夠的工作及生活準備，因而不會在問題來臨時出現顧此失彼。

　　語言是豐富多彩的，同一意思可以有多種表達方法。畢業生關鍵要有換位思考的意識，即首先要想一下主考官為何要問這類問題，假設自己是老闆，想透過這類問題了解求職者哪些方面的情況。其次，在組織語言時要多表達出對該公司利益的關注，多表現出個人的奉獻精神。因為老闆關注的是聘用一個人能給公司增加多少效益。第三，要對公司利益表示關注，並不代表我們不計回報，這從一定程度上能表現我們的信心。

　　記住，永遠把「家事」關在辦公室門外，只有這樣，我們才會是合格的上班族。

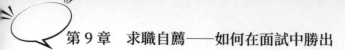

第 10 章

透過自薦達成升遷

　　晉升的機會來了，各種小道消息在單位蔓延。那麼，在面臨這樣的機會時，你要不要主動地找上司反映自己的願望，提出自己的要求呢？這常常是人們為之而苦惱的事情。因為，如果我們自己不去要求，很可能就會失去機會；而如果我們去要求，又擔心上司會認為自己過於自私，爭名奪利，究竟該怎麼辦呢？

　　其實，實事求是地向上司反映情況，提出自己的願望和要求，絕不屬於自私和爭利的範疇，而是十分正當的。在平等的機會面前，我們每個人都有權利去獲得自己應該得到的東西。而且，身為上司來說，由於時間和精力的有限性，他不可能完全了解每個人的情況，有時也可能會被一些表面現象遮蔽，以至於犯片面性的錯誤。既然如此，我們自己為什麼不可以主動地幫助上司了解情況，以便他做出更為公允和明智的決定呢？相反，如果你不去反映情況，則只能失去這次機會了。

　　然而，這時也應該注意一個問題。眾所周知，每一次的晉級名額常常是非常有限的，僧多粥少，不可能人人有份。在這種情況下，你如果要向上司主動提出要求，最好事先做一番調查，看看這次指標數究竟是多少，並就部門的各個人選做一番排隊分析。如果說自己的條件很有可能人選，或者說有一定的機會，但存在著競爭，這樣，你便可以、而且應該去向上司提出要求。如果排隊下來的結果顯示自己的希望十分渺茫，那麼，趁早自己放棄。因為在這種情況下你再如何主動要求，實現的可能性也是很小的，而且上司會認為你太過分，不明智，你不如韜光養晦，苦心修煉。

　　做事時，不要只顧著計劃，而忘了即使是最美好的結局，也必須從頭開始努力。

摸清上司對自己的看法

競爭職位不能打無把握之仗,「我選我」式的自薦更是如此。因此,在參與晉升角逐之前,有必要摸清上司對自己的看法,以便找到晉升的門路。要摸清這一點,我們應明確以下幾方面。

1 · 部門的主管賞識你嗎?

如果你部門裡的主管或總經理了解不到你的出色業績,你的業績再出色也沒用,因為你的業績上司看不見,怎會提拔重用你呢?

不要單方面以為,只要表現好、工作好,就遲早會傳到部門掌權者的耳中。現實中的情況往往並不是這樣。俗話說「好事不出門,壞事傳千里」。你工作做得非常出色這件事,可能主管根本不知道。所以,你應該設法讓主管了解你所做的工作,給他們留下一個工作做得好的印象。主管往往把這樣的人看作是能夠獨當一面的優秀人才。

2 · 你與上司關係怎樣?

在部門你是否能晉升,不僅要看你的能力和成績,還應看你和上司的關係熟不熟。你不妨問一下自己:你和上司吃過幾次飯?上司記不記得你這個人物?如果沒有,先創造更多的機會讓上司發現你、認識你,並賞識你,然後再提自薦的事吧。

3 · 你有後盾嗎?

一般提升較快的人除了有出色的成績外,更為重要的是有後盾,有的人成績平平,但晉升得很快,原因可能就是他有個大主管做後盾。

同時你也要注意你的競爭對手的後盾是否比你更硬。如果他比你的後盾更硬,你的晉升機會可能被他所取代,這時你就應找更大的後盾。當然,這裡說的找後盾,並不是讓你用一些違法、違紀的方法,而是用你的

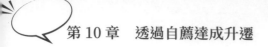

忠誠、勤奮，讓主管賞識你。

4・你會威脅你的上司嗎？

　　如果你的才能超過你上司，可能會對你上司的地位構成威脅時，一些平庸的上司可能會阻礙你的晉升，處處打擊、排擠你。你的上司一旦產生這種想法，就難以改變了。你越有才華，他就越認為你會頂替、超過他，他就越會阻礙你的晉升。

5・上司是不是搶了你的功？

　　一般有才華的下屬對上司都是一種威脅，有的上司排擠你也就罷了，更可恨的是有的上司搶了你的功還要暗地裡整你。這時，你就應該正式地同他談談，也許他會有所收斂。但如果招來他更大的嫉恨，這種情況下，你最好的辦法是調離。

6・你參與了多少核心專案？

　　參加核心項目，你可以與高層上司接觸，並能讓他們發現你的才幹，這對你的提升至關重要。如果你在這方面是空白，那你的前途就坎坷了。

7・直接上級是否重視你的業績？

　　如果你的上司沒有宣揚過你的出色業績，那他可能是存心壓制你，你就應該向高層主管顯示你的才華。如果這樣還是行不通，建議你另攀高枝。

8・你最近有沒有擔負較重的責任？

　　如果你最近被安排單獨負責一項重要工作，你就有可能得到提升；而如果你從來沒有這樣的機會，你提升的希望就很小。

9‧你最近是否有決定撥款的權利？

在公司裡，檢驗你權力大小的尺度之一，就是你在撥款上有多大的權利。

如果你的公司較大，你的權力展現在你能批多少款；如果你的公司較小，你的權力展現在你能否決定如何使用資金。

贏得周圍人的擁護

別以為什麼事在上司那兒通過了就萬事大吉。事實證明，沒有群眾基礎的人，既便有人提攜也難以「官運亨通」。要想達到向上發展的目的，必須要贏得周圍人的擁護，必須得與周圍的人合作，少樹仇敵。

值得注意的是，團結好周圍的人，是一件長期的任務，而不是等到晉升的機會來臨時才「臨陣磨槍」。在平時，我們要注意以下幾點。

1‧對別人要多讚美少批評

很少人能了解到，在日常工作和生活中，我們是多麼需要他人的讚賞和鼓勵。因為在這當中，我們不僅能夠感受到樂趣和溫馨，同時也能增添自信。林肯曾經說過：「人人都喜歡受人稱讚」。威廉‧詹姆斯也說過：「人類本質中最殷切的需求是渴望被肯定。」「這種渴望不斷地啃噬著人的心靈，少數懂得滿足人類這種欲望的人，便可以將別人掌握在手中。」

在美國還有一則經典的忠告，切斯將菲爾德爵士在忠告裡建議他的兒子以尼韋努公爵為榜樣：「你會發現，他透過先使人們喜歡他們自己來使得人們喜歡他。」很顯然，這公爵使用的是讚美他人的藝術而贏得眾人的喜愛的。

美國鋼鐵公司第一任總裁夏布先生也曾說過一段意味深長的話：「我想，我天生具有引發人們熱心的能力。促使人將自身能力發展至極限的最

好辦法，就是讚賞和鼓勵。來自長輩或上司的批評，最容易葬送掉一個人的志氣。我從不批評他人，我相信獎勵使人工作有原動力。所以，我喜歡讚美而討厭吹毛求疵。如果說我喜歡什麼，那就是真誠、慷慨地讚美他人。」這就是夏布成功的祕訣。

工作成績被肯定是人們最期望的，當他們得到肯定、讚賞和鼓勵後，會本能地煥發出更多的光和熱。為什麼我們不能學得慷慨一些呢？試著去尋找你周圍同事身上值得你讚賞和稱頌的東西，並且真誠地告訴他。這一開始也許並不容易，但你會習慣的。夏布曾廣泛接觸過世界各地不同層次的人，他的經驗告訴我們：「無論如何偉大或尊貴的人，他們和平常人一樣，在受認可的情況下，比在受指責的情形下更能發奮工作，效果也更好。」所以，別忘了我們所接觸的人，包括我們所接觸的同事，他們渴望被讚賞。在你每天的工作中，真誠地給予你的同事以讚賞，你將會發現一個鮮亮的世界。

在讚美別人時，要注意如下的一些技巧：對別人的讚美也不必過於頻繁，過於頻繁就失去了鼓勵的意義，並顯得滑頭、俗氣，反遭輕視。讚美的話語不宜過分，超過事實的恭維話就成了「拍馬屁」，只會被人恥笑。讚美他人需要掌握一定的「度」。

一個恰如其分的讚美，還表現在對讚美題材的選擇上，根據不同的對象，不同的關係，不同的場合，選擇不同的讚美題材。比如：對年長者，可讚美他的健康、經驗、知識、地位或成就；對同輩人，可讚美他的精力、才幹、業績和風度；而初見面的人，則主要讚美其可見的外表或已知的實績；在公共場合，讚美對方那些可引起眾人同感的品德、行為、外表和長處比較適宜；到別人家中做客，則可以讚美他孩子的聰明、妻子的烹調手藝和家居布置等等。實際上，除了對方的忌諱和隱私以外，只要實事求是，態度誠懇，讚美的題材隨手可拾。

恰如其分的讚美還需要掌握讚美的方法。

- 直接的讚美。這是最直接的方法，當著對方的面，以明確、具體的語

言，提及對方的名字（或尊稱、暱稱），微笑地讚美對方的行為、能力、外表或他擁有的物品。

- 間接的、含蓄的讚美。即運用語言、眼神、動作、行為等向對方暗示自己讚賞的心情。比如：在公眾場合你特地請某人簽名留念，這行為就意味著你對他的讚美。聚精會神地聽對方談話，並不時微笑著點點頭，也是一種表示讚美的方法。

- 預先讚美。如果對方有較強的自尊心和一定的領會能力，那麼，也可以按照你對他的期望預先讚美他。這樣，可以調動他的自尊心，鼓勵他朝你熱切希望的方向發展，而約束他朝相反的方向發展。

2．要善於發現別人的亮點

我們每個人除了需要他人讚賞外，還總是希望別人以為自己很重要，以滿足我們內心深處的自尊。事實上，我們也確實自以為自己在某些方面比別人優秀。所以你要注意，在你與同事的交往中不妨巧妙地表現出你衷心認為他們很重要、很優秀，這是你打動人心並進入他們內心的最好辦法，之後你將會贏得他們的真誠。

3．觀察同事

在組織中晉升機會日漸減少時，每當有一個職位空缺，就有許多競爭者擠得頭破血流。在此情形之下，想掌握同事們的心，是一件極端困難的事，更何況是探明同事的心思，助自己達成夢想。我們已經一再說明，在組織中工作的人，「生存」和「成功」才是他們最終的意願，也是最大的目的。所以，要想別人幫助你晉升，並不是一件容易的事。

俗話說：「讓人三分，是為善之本。」如果能一面對同事懷著這種寬大的胸懷，設法了解他的心思，一面觀望時機，捷足先登，那麼，比同事晉升得更高、更快，也並非不可能。在不違背自己的道德倫理觀念的原則下，達成「生存」與「成功」的目的，絕非困難之事。在這裡所要敘述的重點，就是如何不使用詭詐的權謀術，而秉持為善之本，達到事業上的成功。

那麼，掌握同事的心為什麼那麼重要呢？機會到來，你可能晉升，你為了要讓這種可能變成事實，首先必須讓你的同事們承認你有資格成為他們的新上司。再說，如果要讓你的同事佩服你，願意為你效勞，首先得讓他們對你的為人處事心服口服。說不定，上司在提升你之前，會先徵詢你的同事們的意見：「你們肯替他工作嗎？」同事們所顯示的反應雖不會直接左右上司的決定，但還是會被列為人事考核的參考資料。假使上司所得到的答案是：「要我替他做事，門兒都沒有！」那麼，即使你順利地晉升，將來也無法如願地管理你的下屬。

所以，你能否順利晉升，要看你是否掌握了同事的心，使你的同事願意全力支持你，因此我們絕對不可疏忽在這方面的努力。

想掌握同事的心，首先要做的就是探知同事的意願，並由你來幫助他們達成心願。表面看來，為競爭勁敵鋪路簡直是不可能的。但是此中自有其奧妙，你不要因此就想放棄。

首先，為了真正了解每一位同事，必須先籌畫一番，好好研究同事的心理，遇到疑問，就不厭其煩地向人討教。多多觀察他們的言行舉止。必要的時候，在很輕鬆的氣氛下與他們接觸，例如和他們一起用餐等，借機會觀察他們。

另外，準備一個筆記本，開始針對每位同事做科學性的分析。然後就對他們的了解，回答下面幾個問題。這時候，你不必心存愧疚或罪惡感，因為你所用的是正大光明的方法。如果你答不出來，就繼續觀察他們的舉動，傾聽他們的談話，久而久之，你就可以找到答案，然後才能決定下一個步驟。此處所列的問題，只不過是其中的幾個例子，但至少能提供給你好的構想，啟發你找到安撫同事順利晉升的最佳方法。

(1) 同事對目前所從事的工作有何期望？

(2) 此人在組織裡的最終目標是什麼？

(3) 他在公司裡所渴望達成的願望中，有哪些是能順利達成的？

(4) 他有沒有特別的興趣？如果有，是些什麼？

(5) 他和上司、同事、下屬間的人際關係如何？

經過嚴密的分析之後，你應該了解同事的欲望與要求了。但是，要暗中說明他達到目標，滿足他的需求，該從何處著手呢？首先，你要將同事的需求按優先順序排列出來。想要有條理地把各種要求列出，必須應用ABCD法。

A——緊急。此項完成以前，其他項目必須暫時擱下不管。

B——最重要，但未到緊急的程度。

C——頗重要，但可以稍緩一下。

D——不太重要，可暫緩實行。

以這種方法，找出同事的 A 項的需求。然後站在同事的立場，幫助他達成最緊急的要求。等 A 需求圓滿達成後，再把目標移向 B、C、D 各項需求。當然，越往後的工作會越簡單。

只要你滿足了同事的 A 項需求，你的計畫就已經步上了軌道。同事也會留意到你所給予他們的幫助，開始對你表示友好，並願意為你做事。

只要略微使用策略，就能實現同事所提出來的構想。而且，你平時稍微表現出拔刀相助的意圖，同事遇到困難，便會主動向你求救。你再善用「手腕」，使他的構想實現，為他排除眼前的障礙。如此，同事除了一方面敬佩你的幹練，另一方面又對你懷有感恩之心。

在眾人皆仰賴你的情況下，你就貯存了許多的「籌碼」，這些籌碼到你需要同事的說明時，隨時都可兌現。只要你不浪費籌碼，不久就能累積成大筆的財產。而且，這種做法也為自己鋪好了一條平坦的晉升之路。

活用自薦方法

自薦方法非常之多，常用的有效方法如下。

1·敲山震虎法

　　最典型的辦法是「敲山震虎」法，拿一張別的公司聘書來跟你的老闆攤牌：「不讓我晉升我就走」。如果公司真的需要你，就不得不考慮重用你。不過，在使出這一招殺手鐧的時候；你可得有十足的心理準備，騎虎難下時，你可能真的隨時得走。敲山震虎、挾外自重常是很有效的方法，但也是很危險的牌。

　　你必須很清楚自己手上有什麼，知道上司要什麼才行。須知，稍一不慎反而要吃大虧。此外，你跟上司攤牌的方式也大有講究。如果你當真拿著外面的聘書，大搖大擺地走進老闆辦公室，朝桌上一扔，直截了當地說：「你不給我加薪，我就走」。十之八九，你就只有走人一條途徑了。上司是不會輕易接受這種威脅的。你如果要打你自己的牌，就得採取比較婉轉適宜的方式。

2·借梯上樓法

　　一個人要想獲得提升，除了靠自己的努力奮鬥外，有時還要借助他人的力量才能扶搖直上。因此，找個引薦者不失為一條實現自我願望的好途徑。一般來說，引薦者的名望越大、地位越高，對你的成功越有幫助；他就是令你扶搖直上的「好風」，他的威信和影響對你都有用處。

3·鳳尾雞頭法

　　職位有「鳳尾」和「雞頭」之說。有的人寧可當鳳尾，不做雞頭；有的人寧做雞頭，不當鳳尾。一般來說，一個人想在本單位、本部門被提拔到主管職位，難度是比較大的。但是，想進入決策機構，不一定非得在本部門實現自己的願望，你可以在適當的時機，向領導者提出到基層單位做一個「雞頭」。

自薦應講究方法

向上司提出晉升要求，須掌握一定的方式和方法。

1．不能過分謙讓

《聖經》中有這樣一則故事：有個人去世後欲進入天堂去享受榮華富貴，於是就去排隊領取進入天堂的通行證。由於他不善於競爭，後面的人來了直接插在他前面，他卻保持沉默，絲毫沒有任何反抗或不滿。就這樣等了若干年，他仍站在隊的末尾，始終未得到他想得到的東西。

這個故事對我們深有啟發。人世間處處充滿著競爭，就社會來講，有經濟、教育、科技的競爭，有就業、入學甚至養老的競爭。就晉升來講也不例外，在通向金字塔頂的道路上，每一步都是競爭的足跡。對於同一職位覬覦者不止你一個，因此當你了解到某一職位或更高職位出現空缺，而自己完全有能力勝任這一職位時，保持沉默絕非良策，而是要學會爭取，主動出擊，把自己的想法或請求告訴上級，這種做法往往能使你如願以償。戰國時期趙國的毛遂、秦朝的甘羅已為我們提供了最好的證明。特別是當上級已指定候選人，而這位候選人在各方面條件都不如你時，你更應該積極主動爭取，過分的謙讓只會堵死你的晉升之路。

身為下屬，向上司提出請求時應講究方式，不能簡單化。宜明則明，宜暗則暗，宜迂則迂，這要根據上司的性格、你與上司以及同事的關係、別人對你的評價等因素來定。

2．預先提醒上司

在正式提出問題和上司討論之前，做出一兩個暗示，表明你正在考慮這件事，這樣就不會在你和他正式談及此事的時候發現他毫無準備了。你可能認為這只會給他時間搜羅理由拒絕你的要求，但是請記住，你的目的並不在於要去贏得一場辯論，而是要使上司確認給予你提升是出於對大局

利益的考慮。假如上級有所保留的話，你應該了解其中原因（在了解以後，你也許會發現，你選擇了錯誤的職業或是這家公司並不適合於你）。

3・選擇適當時機

建議你在上級情緒好的時候進行自薦。如果他的愉快是由於你的業績引起的，那就更好了。選擇時間非常重要，而把你的要求作為工作日的第一份報告呈交給上級往往很難奏效。

4・用事實證明你的業績

與其告訴上級你工作是多麼努力，不如告訴他你究竟做了些什麼。可以試著用一些具體的數字，尤其是百分比來證明你的實績；同時，要避免用描述性的形容詞或副詞。比如，不要說：「我與某某公司做成了一筆生意。」而說：「我與某某公司做成一筆 ×× 萬元的生意。」這也就是說，盡可能地讓事實替你說話。

最好的方法是簡單地寫一份報告給上司，總結一下你的工作。如果你這麼做，白紙黑字，數量詳盡，就使他能及時了解你的業績，而且日後也能查閱，同時，也就用不著去說那番聽起來使人覺得你在自吹自擂的話了。

5・向上級指明提拔你的好處

不可否認，自薦並非是那麼容易做的，因為你是申請人，上司則是決策者，而有關你各方面的資料又有限，因而是否滿足你的請求對於上司來說需要考慮。然而，如果更仔細地想想，你還可以拿出理由，說明你所期望的提升對於授予者也不無裨益。

假如要謀求提升，還可以指出權力的擴大會使你為上司完成更多的工作，更有效地處理你手頭上的事情；而你如果想得到加薪或別的要求，那麼你可以告訴他，這樣能讓別人了解到出色的工作是會得到獎賞的。要使人信服地認可，你的提升會使他得到好處，你確實需要動一番腦筋，但是這

種努力多半是不會白費的。

6·不要要脅

下屬的要求一旦遭到拒絕，轉而用離職或不辭而別來要脅上司的做法往往會引起上司的不滿。縱然上司屈服了，上下級關係卻失去了信任感，而要使信任感恢復原狀，即使有可能，也是十分艱難的。

找對權威人物

常言道：「射人先射馬，擒賊先擒王。」在戰爭中，突然襲擊敵人的指揮機關，捕殺敵方指揮人員，可以使敵人立即陷入群龍無首、不擊自潰的困境，這是克敵制勝的法寶。

同樣，在晉升機會來臨的時候，要想夢想成真，就要針對關鍵人物下工夫，突破關鍵人物這道關卡，謀求關鍵人物的贊同和協助，這樣問題往往就會迎刃而解，勢如破竹了。

說到關鍵人物，人們往往首先會想到這是指主管人員或上級主管。是的，主管或領導者的意圖對解決問題有著十分重要的作用。俗話說：「上面動動嘴，下面跑斷腿」，這句話形象地道出這種影響的威力。與其口乾舌燥地和具體辦事人員交涉，再心急火燎地等待辦事人員向上級主管請示彙報，不如想方設法徑直向有關上級主管申請。這樣或許能爭取到當場拍板解決問題的可能性，至少可以縮短輾轉獲悉上級主管審批意圖的時間。

但是，關鍵人物不一定就是檯面上看得見的人物。正如光緒當皇帝，慈禧掌印璽，幕後人物往往才是真正的「權威人士」。

因此，想要在晉升過程中穩操勝券，除了著眼於主管、領導者一類有正式組織身分的負責人外，還應該爭取足以影響主管領導的非正式的「權威人物」的支持和幫助。透過當事人或上級主管的親友故舊來說服當事人，你

成功的可能性則會大得多。

宋朝蔡京曾一度被宋徽宗罷相，落到山窮水盡的地步。但是他並不甘心就此退出政治舞臺，而是多方活動，以圖東山再起。首先，蔡京暗中囑託親信內侍求鄭貴妃為自己說情，又請深得徽宗信任的鄭居中伺機進言。一切妥當之後，蔡京再讓自己的黨羽直接上書徽宗，大意是為他鳴冤叫屈，說蔡京改變法度全都是秉承聖上的旨意，並非獨斷專行；現在把蔡京的一切都否定了，恐怕並不是皇帝的本心。

這些意見的要害是把徽宗牽了進去。徽宗見到表章，果然沉吟不語，但也沒批復。這時鄭貴妃發揮作用。她早已看到表章的內容，又見徽宗的這種表情，就順勢替蔡京說了幾句好話，徽宗便有些回心轉意了。

第三步是請鄭居中出馬。鄭居中了解內情後知道時機已經成熟，便約了自己的好友禮部侍郎劉正夫，兩人先後晉見徽宗。

鄭居中先進去向徽宗說道：「陛下即位以來，重視禮樂教育，欲行居養等法，對國家和百姓都很有利，為什麼要改弦更張呢？」一席話隻字未提蔡京，只把徽宗的功績歌頌一番，但暗中褒獎的卻是蔡京，因為肯定前段時期朝政的英明就等於肯定了蔡京的正確。

劉正夫又進去重複補充一遍，醉翁之意不在酒，弦外之意不在言。徽宗聽了心裡很舒服，終於轉變態度驅逐劉逵，罷免趙挺之的相位，第二次起用蔡京為相。

盯住主要目標，全力以赴，固然很重要，但是對於目標周圍的那些「邊緣人物」，也要多多花費心思，有時這些人甚至能發揮意想不到的作用，他們可以順利地把你送到權力的彼岸。

做個有分量的自薦者

綜觀眾多自薦如願的實例，可以總結出容易成功的五類員工，依次為：

上司的心腹、單位的能人、孺子牛式的員工、德高望重者以及八面玲瓏的員工。這五類員工屬於有分量的自薦者，渴望在自薦中成就自我的人應該根據自己的實際情況努力擠入這五類員工之列。

1‧上司的心腹

能夠成為上司的心腹，自然是好處多多。常言道：「做得好不如關係好。」在工作單位裡，上司的好惡常常會決定一個人的仕途。

成為上司的心腹，你就有了晉升的領航者。上司會在工作中指導你、幫助你，督促你事業的發展，為你的前途掃平障礙、排憂解難，因而為你的晉升助上一臂之力。要成為上司的心腹，需做到以下三點。

(1) 成為上司的「自己人」

華人在用人時，一向強調「德才兼備，以德為先」的標準，而最大的「德」則莫過於「忠」了。不忠的人留在上司身邊，上司猶如養虎，對自己的危害是非常大的，更不利於工作的開展。上司對下屬最看重的一條就是他是否對自己忠心耿耿。比如一些單位的司機、祕書都是上司的心腹，如果不是心腹，可能一些在車內的談話、辦的私事被傳出去，就會造成不良的影響。

因此，要成為上司的心腹，就要經常地用行動和語言來表示你對上司的信賴和忠誠。而表現忠誠的最好辦法莫過於敢於在上司處境尷尬之時，挺身而出，不惜犧牲自己的某些個人利益來換取上司的信任。

有些時候，由於上司對某個問題處置不當或者了解不夠，會引起一定的不良後果，受到各方責難。這時，讓上司勇於自我批評是有一定困難的，因為這無疑會降低他的權威性。如果你想讓上司感受到你的忠誠，就不妨在此時將責任承擔下來，替上司代過。一方面，上司會因你的捨我之舉而心存感激，另一方面，他也會利用自己的有利地位來保護你，為你開脫。這樣，你便可用短期的損失來贏得上司長久的信任。

自然，承擔過失是要審時度勢的，首先你應考慮到這種損失會不會引

發自己前途上的永久損失；其次你應考慮到這種損失是否是你能夠承擔的。如果這兩個問題你不能很好地回答，便不宜去冒險，否則便成了別人的「犧牲品」和「代罪羔羊」。要知道，人總是從自己利益最大化的角度來處理和對待各種問題的，如果你不能做到「捨小取大」，你的忠誠便是盲目的，是「愚忠」。恰當的忠誠才是被上司信任，既發展自己又保護自己的方法。

(2) 維護上司的權威

華人酷愛面子，視權威如珍寶，有「人活一張臉，樹活一層皮」的說法。而在官場上，領導者則尤愛面子，很在乎下屬對自己的態度，往往以此作為考驗下屬對自己尊重不尊重、會不會辦事的一個重要「指標」。

歷史上，因為不識時務、不看上司的臉色行事而觸了霉頭的人並不在少數，也有一些忠心耿耿的人因衝撞了上司而備受冷落。現實中有一些人有意無意地給上司丟面子、損害上司的權威，傷了上司的自尊心，因而經常遭到穿小鞋、受冷落的報復。

即使很英明、寬容、隨和的上司也很希望下屬維護他的面子和權威，而對刺激他的人感到不順眼。唐太宗李世民是以善於納諫著稱的賢君，但也常常對魏徵當面指責他的過錯感到生氣。一次，唐太宗宴請群臣時酒後吐真言，對長孫無忌說：「魏徵以前在李建成手下共事，盡心盡力，當時確實可惡。我不計前嫌地提拔任用他，直到今日，可以說無愧於古人。但是，魏徵每次勸諫我，當不贊成我的意見時，我說話他就默然不應。他這樣做未免太沒禮貌了吧？」長孫無忌勸道：「臣子認為事不可行，才進行勸諫；如果不贊成而附和，恐怕給陛下造成其事可行的印象。」太宗不以為然地說：「他可以當時隨聲附和一下，然後再找機會陳說勸諫，這樣做，君臣雙方不就都有面子了嗎？」唐太宗的這番話流露出他對尊嚴、面子和虛榮的關注，反映了上司的共同心理。

面子和權威之所以如此重要，根本原因在於它們與上司的能力、水準、權威性密切相關。一位牌技不高的科長在與下屬打撲克時，常因輸得一敗塗地而對玩牌的人破口大罵，很明顯地暴露出對下屬「手下不留情」的

不滿。漸漸地，下屬們不再與他一起打撲克，怕刺傷科長的自尊心。像這位科長一樣小心眼的上司比比皆是，可謂防不勝防。平時娛樂時，一些人不喜歡和上司在一起，無疑是有這方面的顧慮。

得罪上司與得罪同事不一樣，輕者會被上司批評或者大罵一番，遇上素養不高、心胸狹窄的人可能會打擊報復，暗地裡給你穿小鞋，甚至會一輩子壓制你的發展。楊雄在《法言‧修身》中談到「四輕」的危害時說：「言輕則招憂，行輕則招辜」。從與上司相處的角度講，不慎言篤行，一旦衝撞了上司，就會影響你的進步和發展。所以，為維護上司的權威，我們必須做到以下幾點。

- 上司理虧時，給他留個臺階下。常言道：得饒人處且饒人，退一步海闊天空。對上司更應這樣。上司並不總是正確的，但上司又都希望自己正確，所以沒有必要凡事都與上司爭個孰是孰非，得讓人處且讓人。給上司一個臺階下，維護上司的面子，這樣做雖然當時你可能心裡不舒服，但過後你會發現這是在為自己鋪路架橋。

- 上司有錯時，不要當眾糾正。如果錯誤不明顯又無關大局，其他人也沒發現，你不妨「裝聾作啞」。如果上司的錯誤明顯，確有糾正的必要，最好尋找一種能使上司意識到而不讓其他人發現的方式糾正。讓人感覺是上司自己發現了錯誤而不是下屬指出的，如一個眼神、一個手勢甚至一聲咳嗽都可能解決問題。

- 不衝撞上司的喜好和忌諱。喜好和忌諱是個人多年養成的心理和習慣，有些人就不尊重上司的這些方面，反而弄巧成拙。

- 「百保不如一爭」。聰明的下屬並不是消極地給上司保留面子，而是在一些關鍵時候、「露臉」的時刻給上司爭面子，給上司錦上添花，多增光彩，這種人更容易取得上司的賞識。

(3) 關心上司的生活

喜歡別人關心自己的生活近況，這是人之常情，上司也不例外。比如上司遇到高興的事——子女考上大學，加薪升遷，喬遷新居等等，心裡一

定想找人誇耀一番；而如果遇到憂愁煩悶的事，他也想找個人傾述。下屬在上司高興之時能夠表示欣賞、贊同，在上司憂煩之時表示同情，正所謂「同甘共苦」，這樣和上司的感情聯繫必將加深。一般人遇到喜怒哀樂的事，都不願悶在心裡，而希望有朋友同喜樂，解哀愁。下屬如果對上司能做到隨時關心，那麼上司自然會在心中將你當成朋友。

但同時要注意，下屬與上司的交往畢竟還是有顧忌的。不能喪失自尊、像個跟班似的跑在上司後面，大事小事都隨聲附和，連上司不願人知的隱私也去刺探，甚至為表示親近還四處張揚，或者是不看別人臉色，到別人家裡一坐就是半天，喋喋不休，占有上司已安排好的時間。這些交往的分寸若不掌握好，成為「黏黏糊糊」的人，就會很不受上司的歡迎。

(4) 讚美你的上司

讚美是一門微妙的藝術，一著不慎就將導致「畫虎不成反類犬」的後果。伴君如伴虎，對上司的讚美，在第三章已做了較為詳盡的介紹與論述，在此不再贅述。

2・單位的能人

經濟社會最公平、最殘酷的一面就是優勝劣汰。在此大環境下的各個單位，也因之衍生出「能者上，無能者下」的競爭局面。

一般來說，由於能人在某些方面的能力有超群之處，所以才能在單位的各項工作中發揮特殊的作用，或解決單位的各項難題，或打開工作的新局面，因而給大家帶來各種利益。因此，能人的晉升也就是理所當然的事了。

在瓶裝水競爭日益激烈的今天，某礦泉水廠收益日益下滑，高層主管想盡辦法都難挽頹勢。年青的銷售部主任設計出一套促銷方案，經銷售部試用後銷量大增。半年後，該年輕的銷售主任升任為銷售部經理。

任何上司都毫無例外地希望自己的下屬是一個有才有識、有膽有略、有德有績的人。這樣也展現出上司用人得當、領導有方。因此上司對有成

績的下級往往倍加讚賞和鼓勵，視為自己的得力助手，很快對其委以重任，迅速提升為左右臂。唐太宗李世民時的由御史後升為侍御史的蔣恆，宋仁宗時的晉陽縣令後升為宰相的寇準就是最好的證明。

你在公司裡不管做什麼事，只要掌握了特殊的本領，你就是公司裡的能人，就會得到重用。特別是在經濟部門，公司不是慈善機構，老闆也不是慈善家，他的最主要目的還是營利，使生意越做越大。如果你有使公司迅速增值的方法，不妨趕快提出來，一方面顯示了你的才幹，另一方面也將有助於你的晉升。

美國之所以在近代屹立於世界潮頭，與美國人的冒險精神密不可分。一個人要得到快速發展就要具有積極進取的冒險精神。一位在商場拼殺多年的成功人士曾說過：「冒險精神是生命中一項重要的元素，不要將之埋沒，要適當地運用它，因為你會發現它原來是一個重要的推動力。」

事事循規蹈矩的員工，工作基本上不會出錯，但也不會有出色的表現，是那種容易被主管遺忘的人，自然升遷的機率相當小。

3·孺子牛式的員工

「橫眉冷對千夫指，俯首甘為孺子牛。」孺子牛之所以被稱讚，是因為他具有不怕吃苦且毫無怨言的優良品德。而孺子牛式的員工是最容易獲得上司賞識的。

伊文思出生於寒門，沒有文憑，沒有技術，只好出賣苦力做勞工。正當心灰意冷時，他受到渣打銀行的聘用，他抓住這個機遇努力工作，很快受到上司的賞識和重用，並被任命為董事，後升任經理。他在銀行界站穩腳跟後，開始競選議員，終於出人頭地。

孺子牛型的人都不怕吃苦。松下幸之助說：「只埋怨工作辛苦，是不會出人頭地的。沒有辛勤體驗，哪有成果？」「當年創業的時候，我對自己說：『要好好努力喔，只是埋怨辛苦是不會出人頭地的，現在拚命努力，忍耐，將來一定有出息。』因此，在冬季結冰的天氣下拿抹布做清潔工作，雖

然很辛苦，一轉念：『這就是忍耐，他們說的正是這個，努力做吧。』而將辛苦化為希望。」

松下幸之助正是靠這種吃苦精神才創出一番事業的，所以在當上老闆之後，他告誡他的員工要得到晉升就要有吃苦的精神。

4·德高望重者

德高望重者由於在上司和同事中都具有較高的聲望，因而是最容易獲得晉升的一種人。

一般情況下，德高望重的人並不一定就是單位或部門中的主管。上司的權威表現在能使他人按其意圖來實現目標的影響力——一種能改變他人行為的力量。一般情況下，影響力大，說明權威高；影響力小，說明權威低；沒有影響力，就說明沒有權威。

權威是權力和威信的綜合展現。身為上司，他有一定的權力，但不一定有威信；身為下屬，他的權力不如上司，但他的威信可以比上司高。德高望重者不一定有較大的權力，但必須有較高的威信。比如在高校中，一個不擔任行政職務的博士生導師，他的威信往往比一個系主任的威信高。正是因為德高望重的人在單位中樹立了威信，得到了眾人的擁護，因此他晉升的機會也相對較多。

想透過成為一個德高望重者而得到快速晉升的人，可以透過下列途徑使自己享有較高的威信，因而成為一個德高望重者。

- 以德取威。這個「德」就是要堅持原則，秉公執政，辦事公道，賞罰分明，不做「濫好人」；嚴於律己，以身作則，言行一致，表裡如一；清正廉潔，不以權謀私；不玩弄權術，不搞逢迎拍馬，不做拉拉扯扯，不瞞上壓下；道德高尚，品性正直，等等。如果一個人能在這些基本方面做出表率，就會成為眾人的楷模，比任何言語都有說服力和影響力。古人云：「其身正，不令而行；其身不正，雖令不從」，說得真是又簡明又透徹。如果上司利用職權，違法亂紀，損公肥私，他的威信就會蕩然

無存。俗話說：「無私功自高，不矜威更重。」一個品德高尚、大公無私的領導者，肯定會得到尊敬佩服，聲望也會越來越高。

- 以學識取威。也就是說，一個領導者，必須具有一定的知識素養，在知識、專業方面達到較高的水準，成為本部門本專業的內行，才能享有較高的威信。在科學技術迅速發展、個人文化水準大大提高的今天，一個領導者如果沒有足夠的知識和較高的業務水準，甚至不學無術，還在有專長的下屬面前指手畫腳，就很難會有人佩服他。比如，一個學校的校長上不了講臺，一個醫院的院長對醫術一竅不通，他的威信從何而來呢？相反，如果他具備必要的專業知識，就不僅能運用自己的知識領導好本部門本單位的工作，而且能與下屬有更多的共同語言。這樣的上司，還有誰不敬佩和信服呢？

- 以才取威。這裡的「才」，不是指科學家、藝術家的那種「才」，而是指領導者的領導才幹、領導能力。它集中展現在分析問題和處理問題的能力上，如預見能力、決策能力、組織能力、指揮能力、協調能力、創新能力、交際能力以及寫作能力，演講能力等。一個才華橫溢的上司可以使人產生一種信賴感和安全感，即使在非常困難和極端危急的情況下，被領導的眾員工也會同心同德地跟著他去戰勝困難。這方方面面的能力，是透過上司的一言一行、一舉一動表現出來的。就拿作報告來說，如果上司的報告作得很成功，語言生動、流暢、簡練，邏輯性、說服力、感染力也很強，員工就會認為他是一個思想深刻、知識豐富、水準很高的主管。如果他的講話既膚淺又枯燥，言之無物，拖泥帶水，甚至前言不搭後語，常常說錯話，念錯字，不僅不能給人以任何啟發和鼓舞，員工反而覺得聽他講話簡直是活受罪，他就會給員工留下不好的印象，使人感到這個上司水準太低。作一場報告尚且如此，處理一個重要問題，做一次重要決策，就更能反映領導能力的高低優劣了。所以，誰要想贏得威信，誰就必須刻苦鍛鍊，在增長才幹方面下工夫。

- 以信取威。信即信用。古人云：「言必信，行必果。」言必信，就是一定要講信用，不食言，不說空話、大話。具體地說有四點：一是說話一定要承擔責任，說了就要算數，信守諾言；二是對做不到的事情，絕不

要許諾，既已許諾，就一一要兌現；三是對比較有把握的事情，也不要說絕，而應留有餘地，以防萬一；四是對下級、同級要誠實、坦率，一是一、二是二，不當面一套、背後一套。行必果，就是行動一定要堅毅果斷、善始善終，不能說了不算，定了不辦，虎頭蛇尾，半途而廢。

一個領導者只有始終堅持「言必信，行必果」，才能獲得群眾的信任。最容易損害主管威信的，莫過於被人發現他在欺騙、吹牛、搞鬼、不守諾言。上司一定要嚴格要求自己，如果做了錯事，說了錯話，就應該坦率承認，及時改正，而不要文過飾非、更不能欺上瞞下。只有這樣，才能獲得人們的信賴，形成自己的主管權威。

- 以情取威。情，就是和下屬之間的感情。這種感情是在長期的共事和生活中逐步建立起來的，是與員工之間互相了解、互相尊重、互相信任、互相體貼的表現。有了這種感情，上司和員工就能同甘共苦，甚至生死與共。這種上下級之間的深厚感情主要來自上司對下屬長期的苦心培育和關懷，來自對下屬真摯的愛。

5・八面玲瓏型的人

儘管許多人將「八面玲瓏」看作貶義詞，但毋庸置疑的是：八面玲瓏型的人人緣好，受人歡迎。八面玲瓏型的人善於與人交往，人緣好，處理起人際關係來得心應手，不容易得罪別人。當上司想要晉升誰時，一定會考慮誰最能服人、最得人心這一點。八面玲瓏型的人往往是受歡迎的人，不會討人嫌。這些人往往有如下特徵。

(1) 聆聽重於表達。在人們普通熱衷於自我表現的今天，能靜下來聆聽別人說話已成為一種美德。多聽則有助於資料的搜集、人事的觀察，還可以避免因多言而造成的差錯，是現代人重要的修養之一。

(2) 尊重別人的隱私權。人們接觸的密切，並不表示彼此一定要互訴衷腸。適度的相互開放，有助於和諧關係的維持。

(3) 勿太過於謙虛。當他人讚美自己時，只要自己當之無愧，不妨大方地回以微笑，表示謝意。這種適度的謙遜使自己顯得更值得尊敬，而不

矯揉造作。

(4) 不找藉口。自己犯錯誤時立即承認並且大方地道歉，可以避免許多不必要的誤解與麻煩。盡量不要為自己的不當行為找藉口，坦誠而適宜地表達心聲，往往能夠獲得別人的原諒。

(5) 不過分犧牲自己去討好別人。必要的犧牲是可以的，但不必為了討好別人而故作姿態，何況想討好一切人是根本不可能的。

(6) 珍惜自己和別人的時間。那些到處遊蕩道人長短的閒人，勢必被快速變動的社會所淘汰，現代人應學會善於安排自己的時間，也珍惜別人的時間。

(7) 善於變通。八面玲瓏的人不能死守教條，而要善於變通。

自薦的五大戒律

　　我們所宣導的自薦，並不是一種盲目的角逐。沒有哪一個人在晉升競爭中有百分之百成功的把握，如果有的話，競爭就不能稱之為競爭了。我們有必要學會規避下列情況下的競爭，這有助於我們保存實力，不做無謂的角逐。

1・戒過早捲入晉升競爭

　　在晉升競爭中，要適當克制自己的欲望，不要過分衝動地把自己的急切之情溢於言表，也不要過早地捲入這種競爭之中，否則將給自己的工作帶來不利。

(1) 過早地捲入晉升之爭，容易成為眾矢之的

　　俗話說「槍打出頭鳥」，說的也就是這個道理。因為在這種情況下，人們往往總是希望自己的對立面越少越好，自己的競爭對手越少越好。所以，誰要是先出頭，無疑會首先遭到攻擊，這是必然的。其實，所有的競

爭過程中，實際都存在一個比較普遍的規律：淘汰制。也就是說，競爭是透過不斷淘汰來實現的。而這種淘汰又往往是以某種不太公平的方式進行的。它不像在體育比賽中那樣有一定的分組，而且，即使有一定的名額分配，也還有一個機遇的問題。在掌握不住的情況下，觀察得更仔細一些，往往成功的可能性也就越大。

(2) 過早地捲入晉升之爭，會在競爭中處於不利的被動境地

如果你過早地捲入晉升之爭，就會過早地暴露了自己的實力，也同時顯出了自己的缺陷，以至於在競爭中往往處於不利的被動境地。在一般的情況下，人們在競爭初期最好十分謹慎地保護自己，做到盡可能地不露聲色。這樣，便可以使自己避免在競爭中受到別人及對手的「攻擊」。正如兵書上所說的那樣，自己在明處、對手在暗處，此為大忌也。相反，盡可能地忍讓、克制自己的欲望和衝動，便可以發揮後發制人的作用，可以在知己知彼的情況下，獲得競爭中的主動權。

(3) 過早地捲入晉升之爭，會使自己的行為陷入被動

有些人根據自己的了解和判斷，覺得自己的條件在各方面與其他競爭對手比較有取勝的可能，於是，便當仁不讓地衝上前去。其實，我們很可能並不真正了解所有競爭對手的情況。俗話說：「真人不露相」，說不定在你身邊就的確有高人呢。如果這樣，你的判斷只能使你陷於不利的境地。聰明的人在這種競爭中總是會首先仔細地反復考察，對比自己與對手的優勢和劣勢，經過反復權衡之後，決定自己該如何辦。可在一開始，別人常常並不會表現得十分充分，這樣，你在一種資訊不充分的情況下做出的判斷就不能不帶有相當的片面性，這樣也潛伏著危機。冷靜的態度常常可以使我們做出一些比較客觀的判斷。而一旦發現自己在某次競爭中並不能有把握取勝或者乾脆不可能取勝，那建議你暫時放棄這次機會。

2・戒揚短避長進行職位競爭

如果你透過競爭得到的職位並不符合你的專長，你在這個職位上很可

能會無法發揮自己的一技之長，這種得不償失的晉升是值得認真考慮的。

如果晉升機會對你來說不是揚長避短，而是揚短避長，那麼實際上你會失去今後更多的機會，同時也會使自己已有的才華和能力逐漸退化。

如果晉升使你在自己所不熟悉、不適應的職位上和環境中工作，在自己不擅長的業務上暴露了自己的短項，而埋沒了自己的長項，那麼對這種情況就需要加以慎重考慮。

湖天公司有一位技術專精的研究人員小葉，他所研究出來的新產品曾使公司走出瀕臨倒閉的困境。雖然他缺乏組織能力和社交能力，但在該公司長官的推薦下，仍晉升為該公司的總經理。開始 2 年，由於公司那位德高望重的長官積極支援他的工作，他能夠避開一些紛亂的行政事務和人際關係，集中精力抓新產品開發工作，因而公司的經濟效益還是不錯的。可是，當老長官退休之後，情況急轉直下。先是在主管班底內部有一個副理因為自己孩子工作和個人買房的事受到了小葉的阻攔，而對小葉心存芥蒂。後來，在產品銷售問題上，又因為小葉不同意銷售處長提出的「回扣」方案，便導致了銷售人員的不滿。這個副理與銷售處長聯合起來與他作對，使公司產品的銷售額日見下降，市場悄悄地被別的廠家占領了。

在這時如果小葉急流勇退，辭去官職，繼續做他的科研，仍不失為明智之舉。可是，他把自己做科研的「強勁」不合時宜地用在了官場上。他當著眾人的面批評了這個副理和銷售處長，接著又解聘了幾個不得力的中層幹部，於是，便形成了一個勢力不小的對立面。先是一些人到上級告狀，後來便有一些人要求上級撤換他。在經濟效益日見低落的形勢下，上級主管不得不重新選聘新經理。之後竟是那位被他批評過的副理獲選。小葉本來就是得失心很重的人，自然覺得心中嚥不下這口氣，便得病住進了醫院。最後，終因無法解脫自己的「心病」，致使病情加重，半年之後竟病逝了。

3・戒與有強硬關係者競爭

由於人事迴避制度的建立，直接把自己的親屬、兒女、子弟安插在自己身邊做事的現象現在已不多了，可是，上層大人物硬派來的、方方面面關係以交換的形式交叉安排人的現象還時有發生。身為一般的裙帶關係戶，他們要的僅僅是一個位置或一個飯碗，倒也不必在意。可是，一些有強硬的裙帶關係的人，他們不僅要占一個位置，要端一個飯碗，還要搶先提拔，搶先提高各種待遇，使別人奮鬥幾年甚至十幾年的成果毀於一旦。遇到這樣的情況，我們應當提醒主管注意影響，並號召眾人加以抵制，使他們的欲望有所收斂。但是，如果你的主管為照顧關係，尤其是還想利用這種關係來鞏固自己的地位，而你目前的力量還抵制不了這種不良現象，建議你暫時先避開他們。

有時，一些主管新到一個單位任職後，為了順利地實施自己的一些工作策略，常常把自己原來比較得力的老部下調到身邊來擔任一些重要事務。這些具有「老關係」的人被主管信任的程度是大大高於一般人的。由於他們熟悉主管的工作方法和特點，在競爭實力上他們自然是占有優勢的。在這種情況下，我們採取適當迴避的方法則是上策。

4・戒在貪財的主管面前與重金行賄者競爭

由於現在社會法制建設和輿論監督機制的日趨完善，明目張膽的行賄受賄已不太可能。但是，一些人打著其他旗號，變相地搞行賄受賄的方法還是五花八門的。比如，企業開產品鑑定會時，若甲企業把上級主管列入「專家」冊上，發放諮詢費時主管拿得比專家還多；而乙企業只是給主管準備一份講稿，使主管毫無所獲而歸。如果這位主管是個貪財愛占小便宜的人，乙企業在競爭中將必敗無疑。

在當今社會，如果和你在職位上進行競爭的是一位比較謹慎的變相行賄者，對於這種事很隱蔽、很有策略，你的領導者對此不以為然，而以你目前的力量還抵制不了這種不良現象，那麼，不諳此道的人只有暫時先甘

拜下風、退出競爭陣地，而把更多的精力用在工作上了。

5‧戒在風流的主管面前與輕浮的異性競爭

在亞洲，雖然傳統文化的積澱厚重，但基於「愛美之心人皆有之」的本性使然，在職務晉升時，有些領導者總是優先選擇那些具有漂亮容貌的人。所謂目測、面試，便有以貌取人之嫌。一些瀟灑、漂亮的男女青年，總是比那些容貌一般的同齡人更有被優先錄取的機會，這已經是為大家所普遍了解的事實。如果主管正正經經做人，規規矩矩辦事，我們的容貌和形體就會幫助我們取得成功；如果我們以此為本錢，作為討好異性主管和貶低同事的一個條件，那麼，這方面的有利條件就有可能把我們引向人格的反面。當然，並不可否認，透過這種管道也可能在仕途上取得「重大」的成功。因此當一些人運用「性」的魅力進行反面競爭時，我們必須提防。

如果你的領導者是個風流人物，對異性的誘惑來者不拒，而你既不想、又不能在這一方面與他（她）們一比高低的情況下，倒不如乾脆退出競爭，及早讓步。如果你的身邊有漂亮的異性同事，並且和你形成了實際上的工作競爭關係，你不妨考察一下他（她）們的品格。如果他（她）們是正派人，當然可以相處下去；如果他（她）們想運用異性的力量與你展開激烈的競爭，你還是早一點避開為好。

自薦遭到失敗怎麼辦

為做好工作你廢寢忘食，然而最終的結果晉升的不是你。在和工作有關的挫折當中，該提升而未獲提升這種現象是很普遍的。經過打擊後，你需要一段時間才能痊癒。如果這樣的事降臨在你頭上，你該怎麼辦呢？

一旦消息得到證實，就去向新升任的人道賀。別談那些無關緊要的閒話，要談將來。因為將來你有可能成為這位幸運者的下屬，所以最好盡快跟他建立新關係。

　　1970 年代末期，奇異電子的高特和其他六七個主管共同角逐首席執行長（CEO）的位置。他在得知自己失敗時，打了電話給另外三位進入決選的人。「我恭喜他們，並祝他們順利，」高特回憶，「當時我是公司的大股東，所以我還請他們務必努力工作以保障我的權益。」雍容大度的高特很快在別處大展身手，他當上了另外一家大企業的 CEO。

　　等你公開向對方道賀後，再回到自己的辦公室閉門深思。如果你發現情緒正在大起大落之中，這實際上對你正在經歷的痛苦是具有療效作用的。美國西北大學管理研究所教授康明斯發現了控制一個在升遷中受挫的人反應的幾項關鍵因素。

(1) 你有沒有料到會遭受挫折？如果已經料到，也許就不至於那麼痛苦；如果是出乎你的意料，就要問「為什麼」，是不是公司給了你錯誤的資訊，或者主管把你遺忘了？

(2) 在你的事業和生命中，你目前處在哪個位置？重點不在年紀老少，而在於你有多少其他的選擇。如果你有別的發展──不管是調到別的部門、提早退休或另謀高就，你就不會覺得全無指望。

(3) 你認為是什麼原因使你該升而未升？是你自己還是環境使然？如果你認為是自己工作不力而未獲晉升，當然你會更痛苦。

(4) 家人、朋友是否支持你？假如你不能對配偶或其他人提及你的痛苦，你將變得更加憂鬱。

　　自薦失敗對自己可能是一大打擊，但你應該弄清楚這次打擊對你的事業有多大的傷害。聰明人會了解其中的差異。雅芳化妝品公司的總裁華特龍，回憶以前在奇異公司角逐收音機部門經理的失敗經驗時說，他安慰自己，只要努力，在奇異公司還有許多部門經理的機會，果然，3 個月後唱片部門的經理職位出缺，華特龍終於成功了。

　　當你在評估未受晉升的打擊對工作的影響時，要盡可能找出答案──為什麼他們用別人而不用你。重新評估最近的工作表現，也許你的主管一直傳達給你某種資訊，只是你沒有注意到。找公司裡的同事，請他們坦白

告訴你，你的表現到底好不好，但別把話題局限在工作上，試著考慮別的可能性，也許失敗和工作表現無關，而是因為主管比較喜歡那個人。

在去找主管以前，先以公司利益為著眼點，擬好要說的話。例如：「我一直盡全力為公司工作，要怎樣才會做得更好？」在剛開始問問題時用點迂迴的技巧較好：「以您的眼光來看，您覺得做那個工作的人需具備什麼條件？誰來決定人選？」也許真正的決策者不是你的主管，而是比他更高階層的人。慢慢再把問題縮小到核心：「為什麼是那個人得到工作而不是我？」

這個問題不一定能得到真正的答案，萬一真正的理由錯綜複雜，你的主管可能會設法把他的選擇合理化，例如，吹噓你的對手有的那些經驗正是你缺乏的，而那些經驗是工作上絕對需要的。

這時候，你可以提一些可能存在主管心中，但他不便主動提出的問題：「我的表現太差嗎，或者太自我？我有沒有做錯什麼事？」他會答：「喔，既然你提到這件事，我就順便說，以後你如何做會比較好。」最後，千萬別忘了問：「將來我得到晉升的機會有多少？」

參照你所得到的答案，開始擬定後續計畫，提醒自己針對遠端目標來考慮，這次遭遇到底是無法挽救的失敗，還是一個小小的挫折。假如這已經是第二次，那麼你要深思，自己是否被「雪藏」了。

有一些人甚至建議，第一次遭雪藏時，要做辭職的打算，第二次再發生時，就真的該走了。你要考慮這家公司是不是很值得而且適合你待下去，你有沒有得到公平的待遇，被晉升的人是否得到你敬重，當你完全了解被晉升前應具備的那些因素後，還願意努力去爭取嗎？當然，別忘了自問：對我而言，所謂成功就是在公司中不斷往上爬嗎？你必須試著去了解，成功的形式絕不只一種。

要達到這個境界並不容易，因為想在競爭中脫穎而出、得到晉升的欲望深植人心，所以遭到失敗的痛楚才會那麼強烈。

第 10 章　透過自薦達成升遷

第 11 章

競選演說——成功自薦者的利器

競選演說指在一定的組織形式中，憑口才自薦，競爭某一職務或某項工作的一種演說。競選演說要求演說者具備良好的心理素養和較高的言語表達水準。還應當事先對聽眾可能提出的問題做好充分的準備，避免太多的隨意性。

　　競選演說實際上是一種自我推銷。可以用據理力爭的方式，巧妙地說明「他不行，我行」或者「他行，我更行」；也可以用展望未來的理想藍圖誘導選民：「投我一票吧，我將會使你們得到滿足！」如布希在進行競選美國總統的演說時曾說：「一位總統可以造就一個時代，一位成功的總統則可以賦予時代以新意……如果我當上總統，我就向美國人民宣布：新的微風吹來了，新的篇章從今天開始了！」

　　競選演說作為一種直抒胸臆、發表己見的重要自薦形式，越來越被廣泛應用，成為單位或部門考察個人綜合素養的有效途徑。

　　透過演講來提升自己的影響力，是我們給他人留下深刻印象的極好方法，在這種面對面的良好接觸中，往往最易得到意想不到的效果。

競選演說的特點

　　在職場上，人們為了獲得某個職位經常開展競選演說。想要從眾多對手中脫穎而出，演說技能至關重要。演說是針對某一競爭目標而進行的，具有以下特點。

1·目標的明確性

　　目標的明確性是競選演說區別於其他演說的主要特徵。演說者一上臺就要旗幟鮮明地亮出自己所要競選的目標（或廠長、或校長、或秘書、或經理）。另外，演說者所選用的一切資料和運用的一切手法也都是為了一個目標——使自己競選成功（使聽眾投自己一票）。

其他類型的演說則不同。不管是命題演說還是即興演說，雖然都有一定的目的性，但其目標卻有一定的模糊性、概括性和不具體性。打個比方，如果演說如大海行船，那麼一般演說是要告訴人們如何戰勝困難，駛向遙遠的彼岸，而競選演說則是看誰最有條件來當船長。

2．能力的競爭性

競爭性也就是指演說者無論是講自身所具備的條件，還是講自己施政的構想，都要盡最大可能地顯示出「人無我有」、「人有我強」、「人強我新」的高人一籌的優勢來，有時甚至還要把本來是「劣勢」的東西換一個角度講成「優勢」。

在其他類型的演說中，演說者儘管可以海闊天空地談古論今，說長道短，但一般都不是為了顯示自己的長處，即使是在事蹟演說中，也忌諱毫不客氣地為自己「評功論好」。競選演說的不同之處在於全過程都是聽眾在候選人之間進行比較、篩選。競選者如果謙虛、不好意思說出自己的長處，表示自己也是「一般般」，就不能戰勝對手，必須「八仙過海，各顯神通」，因此競選演說具有明顯的競爭性。

3．主題的集中性

主題的集中性指的是所表達的意思要單一，不蔓不枝，重點突出。也就是說，在表達意思時，必須突出一個重點，圍繞一個中心，不要太多重點，不能企圖在一次演說中解決和說明很多問題。

在一次小學校長競選演說會上，一位很有希望的老校長就是由於談得太過於面面俱到而讓聽眾產生了反感。他在介紹自己時，不僅詳細地介紹了自己大半生的經歷，而且在說獲獎情況時，還把在某晚報徵文比賽獲得紀念獎這樣與競選無關的獎勵都羅列了出來，而且不下 20 個，使聽眾覺得很好笑。在說措施時，他又從如何抓學生學習、體育和德育，到怎樣開辦校辦工廠，從如何管理教學，到怎樣關心教師生活各個角度去說。措施幾

乎是「全方位」的，結果造成了立意分散，讓聽眾聽了覺得好像他什麼都說了，但又搞不清楚他到底說了些什麼。相比之下，另一位青年女教師就圍繞「如何把學校教學水準提升」這一中心論題，講得有情有理，頭頭是道，給聽眾留下深刻的印象，結果競選成功。

因此，在進行競選演說時，一定要「立主旨」，「鏡頭高度聚焦」，這樣才能在聽眾心中引起共鳴。

4‧內容的實用性

競選演說的第四個特點是內容的實用性，即所選內容既符合實際，又對自己競爭「有利」。也就是說，無論是講自己所具備的條件，還是談任職後的構想，都要從自我出發，從實際情況出發。競選演說是競爭，並非是比賽誰能「吹」，誰能用嘴皮子「甜人」。聽眾邊聽演說者的演說，邊「掂量」他們的話能否在現實中發揮作用和取得效果。比如在講措施時，那些憑空高喊「我上臺後幫大家調薪資，讓大家蓋樓房」的演說者，聽眾一般是不會買帳的，而那些發自肺腑、符合實際的口號才是聽眾最歡迎的。

有個老工人在競選演說中說：「恕我直言，我無力為你們迅速帶來財富，提高你們的薪資，增加你們的獎金，我能做到的只是誠懇地傾聽你們的呼聲，熱忱地採納和獎勵你們的合理建議。我準備成立一個由新老工人和技術人員一起參加的『智囊團』，讓大家提出優良的改革方案和具體的管理措施。

現在我們工廠癱瘓的原因是因為收不到幾百萬元的欠款。我要是當了廠長，一方面要用法律方法解決問題，另一方面是設立獎勵制度，誰要是能完成任務，就獎勵回款的 20％，而且當面點清，說話算數。

目前當務之急是把積壓的產品銷售出去。這就要協調調動全廠員工的積極配合，把專業推銷和業餘推銷結合起來，按效益提成。

為了彌補資金不足，我先拿出準備給兒子娶媳婦用的 20 萬元進行集資入股。在工廠轉虧為盈之前，我先不支薪；工廠營利之後，薪資和獎金我只

拿全廠員工的平均數。

我當廠長只有一個心願，那就是和全廠員工一起讓工廠起死回生，轉虧為盈！如果 2 年之內不能實現這個目標，我就立即自動下臺。最後，我還要說我平生最恨的就是貪污腐敗，我要是當了廠長，保證捧著一顆心來，不帶半根草去。如果發現我有一分錢不乾淨，大家可以把我家的全部東西拿走。」

因為他所講的都是真誠的和切實可行的，所以工人們都投了他的票。

5・思路的清晰性

競選演說不像一般演說那麼自由，而是要求演說者具有清晰的思路，除了題目和稱呼外，演說程序一般分為五個步驟。

第一步，開門見山地講出自己所競選的職務和競選的理由；第二步，簡潔地介紹自己的情況，年齡、政治面貌、學歷和現任職務等一些情況；第三步，列出自己優於他人的競選條件，如政治素養、業務水準、工作能力等，既要有概括性的論述，又要有出眾的論據，比如講自己的業務能力時，可用獲得的一些成果和業績來證明；第四步，提出假如自己任職後的施政措施，這一步是重點，應該講得具體詳細，切實可行；第五步，用最簡潔的話語表明自己的決心和請求。

競選演說在講措施時一定要注意條理清楚，主次分明，不要講到哪兒算哪兒，讓聽眾聽了一團亂。

6・判斷的準確性

競選演說中還要注意判斷的準確性。準確一般是指要恰如其分地表達情意，但準確性在競選演說中還有另外兩層意思。

(1) 所談事實和所有資料、數字都要求真實，準確無誤。比如介紹經歷時，是大專畢業，就不能說成是大學畢業；在談業績時，三次獲獎，就不能虛說「曾多次獲獎」（最好把在什麼時間、什麼範圍、什麼獎項說

得清楚明白），如涉及數字就要盡量具體。

(2) 要注意分寸。競聘演說的角度基本上是以「我」為核心的，如果掌握不好分寸，對自己的能力過分誇大或對競爭對手的能力過分貶低，都會讓人產生反感，因而導致競選失敗。

好的開始是成功的一半

任何形式的演說，開頭總是關鍵的。競選演說也是如此，在演說開始後的幾分鐘或者幾秒鐘內，聽眾通常會決定是否接受演說，是否聽下去。有趣的是，很多競選演說者準備內容從來都不是先從確定開場白入手的，而是先確立演說的目的，然後圍繞目的開始收集資料，並將資料加以組織整理，最後做的才是著手準備演說的開頭。因為只有這樣才能更好地、有目的地選擇正確和恰當的開頭方式。

那麼，怎樣才能做好競選演說的開頭呢？

競選演說開頭成敗與否，關鍵在於能否吸引聽眾的注意力。競選演說時獲取聽眾注意力的方式應隨題材、聽眾和場景的不同而改變，一般可以運用事例、軼聞、經歷、反詰、引言和幽默等方法達成此目的。

例如，小張在競選供銷科長時，就充分地運用了這一技巧。他說：「最近幾年，我廠的效益一年不如一年，原因到底出在什麼地方？」

小張在提出這個全廠員工都極度關心的話題後，抽絲剝繭，層層深入，將供銷科的 8 大問題一一剖析並提出解決的措施，贏得眾員工的擁護。

競選演說時，應當利用開頭部分吸引聽眾的高度關注。聽眾只在感到能從演說中有所收穫時才專心地聽演說，所以演說的開頭應當回答聽眾心中的「我為什麼要聽」這一問題，要能激發聽眾的興趣。

有條有理才有效

競選演說是比較系統的談話，必須有條有理，演說者讓聽眾覺得章法井然，聽眾才更有可能為他投上一票。

競選演說條理清楚是從結構上來說的。平時交談，說一兩句簡短的話談不上條理清楚。如果要說的事比較複雜，方向比較多，就需要將話題安排得有條不紊，脈絡清晰。而在競選演說過程中，如果演說者從一個問題跳到另一個問題，然後又回過頭來再談一遍這個問題，就會讓人感覺捉摸不透，沒有什麼比這種演說更令人感到困惑和糊塗的了。

為了不使聽眾墜入「五里霧」，演說者就要對所講內容有深刻的理解，並對要說的事情進行統籌而又周密的安排。一定要抓住並緊緊地圍繞主線，安排好次要線索，注意前後銜接，首尾照應，這樣條理就自然清楚了。

但有些人常常犯一個毛病，那就是演說雜亂無章。或興之所至，天馬行空，說著說著就把話題扯到別的地方去了；或層次不清，顛三倒四，往往一個問題還沒有說完，忽然又節外生枝，岔到別處去了；或沒頭沒腦，常常中途突然冒出一句莫名其妙的話，讓人「丈二和尚摸不著頭腦」。

競選演說一定不能出現雜亂無章的毛病，這不僅會導致演說的失敗，同時也會使競選落敗。其實這個毛病是有辦法克服的。演說者除非按預先擬好的講稿照念，否則一般都會有一些臨場發揮。特別是即興演說，言語順序不特別嚴謹，有時會插進一些題外話，有時發現已講過的某個問題尚有遺漏還可以臨時補充等等，這樣很容易使演說顯得雜亂。但是身為一個高明的競選演說者，應時刻把演說中心記在腦子裡，這樣不管怎樣插話、補充，不管換了多少個話題，他都不會偏離演說的中心。

競選演說前要認真地考慮清楚，按照一定的順序來進行。安排順序的原則以聽眾是否方便為准。不要顛倒時間的次序，最好沿著時間的順序，從過去一步一步地講到現在，由遠及近、有條不紊地敘說。千萬不要一會兒講現在，一會兒又倒敘 3 年前的事情；一會兒回到現在，一會兒又補充了

一件 5 年前的事情。聽眾最容易接受的還是順敘的手法。

競選演說要有頭有尾，要懂得尊重聽眾，不要一開口就冒出一句沒頭沒腦的話，使聽眾聽不明白。另外要注意多歸納，把許多類似的意思歸納到少而又少的大單位上，這樣便於聽眾記憶。為了避免說話雜亂無章，演說之前最好擬一個提綱。在日常生活中經常鍛鍊，話想一想再說，也能發揮擬定提綱的作用。競選演說所擬的提綱通常應具有以下特點。

(1) **集中**：你準備說什麼，即演說的主旨要明確，這一主旨便是左右演說內容的總的觀點或主張。

(2) **簡潔**：要避免由於句子過長或層次過於複雜而削弱了演說的分量。

(3) **連貫**：開場白、中心和收尾各要說些什麼內容，相互之間該如何過渡，開場白與收尾如何呼應，應該做到主次分明，詳略得當，前後連貫。

(4) **適度**：要求演說者在列提綱時考慮到主客觀上、內容和形式上、身分和情感上、目的和對象上是否合拍。如果不合拍、不適度，演說的效果就難以達到預期的目的。

只有條理清晰的競選演說才能真正發揮幫助競選的效果，使自己的價值得到真正的展現。

用平常的語言演說

一個讀書人老是故作高雅，有一次去趕牛，向牛直喊「然而」，牛不理，旁邊來幫忙的農夫也不知他說什麼，他說：「『然而』不就是轉折嗎，叫牛轉彎，你們怎麼就不懂呢？」

演說的道理是一樣的，千萬不要故作清高。我們在競選演說時更要注意內容，不要故作高雅。競選演說是一門口語表達的藝術，而口語化則是使演說產生擁護者的訣竅之一。如果演說者不顧口語表達的實際需要，一味地咬文嚼字，堆砌辭藻，那就容易使演說變得枯燥無味，讓人倒胃口。

　　為了實現口語化，競選演說應該注意選擇有利於口語表達、能充分展現通俗流暢風格的詞語。現代漢語中的詞語，從音響效果來說，通常雙音節或多音節詞比單音節詞容易讓人聽得清楚。為了適應口語表達「口傳耳聽」的特點，演說者應多用雙音節或多音節詞。比如「當我剛進廠時」就不如「當我第一次走進廠門的時候」順口入耳，「因我沒經那場改革」就不如「因為我沒有經歷那場改革」舒緩清晰。當然，單音節或雙音節的選用不是絕對的，這裡面還有話語的音節搭配問題。話語中的音節要搭配均勻，一般單音節詞與單音節詞搭配，雙音節詞與雙音節詞搭配，或四音節片語與四音節片語搭配。注重詞句音節的搭配的演說，演說起來上口，聽起來悅耳，富有音律美。

　　除了聲音要配合好之外，用詞風格也很重要。演說時多用一些經常出現在群眾口語裡的「現成語」（諸如俗語、諺語、歇後語等），要比用書面語、「典雅語」（諸如成語典故、外來詞語、專門術語等）更顯得淺顯易懂、生動活潑。

　　競選演說最忌諱不合時宜的文白夾雜和濫用深奧生僻的成語典故，因為那樣不僅說起來詰屈聱牙，而且聽起來也晦澀難懂。如有的演說者說：「我們都是『而立』青年，倘若不努力奮鬥，成功的希望就會化為烏有。」一句話夾雜了「而立」、「倘」、「烏有」三個古語詞，表達得十分彆扭。

　　現代漢語句式多樣，為句子選擇提供了廣闊的天地。從句子的長短來說，在通常情況下，形體簡短、修飾成分和連帶成分少的短句比長句更適合於口語表達。整句是一種講究句子結構整齊、勻稱的句式，演說中可以把短句和整句自然地結合起來，這種手法也很適合口語表達。

　　競選演說還應該避免使用帶著學生腔、八股文式的過長的句子，也要避免使用仿製的歐式句。過長的句子，說起來拗口憋氣，聽起來也不容易掌握語義的中心；仿製的歐式句很不適合大眾的口味，應注意盡量避免。

　　競選演說時說話的口氣及其表達方式的口語化很重要。美國口才訓練專家桑迪‧林弗說：「聽眾越是感到你在與他們交談，你的演說效果就越

好。」用親切和商量的口氣，採用與聽眾談心的方式來演說，話語就會顯得自然、親切，就容易縮短與聽眾的距離，獲得「聲入心通」的效果。

競選演說大都是議論性的，說話的口氣少不了帶有「論辯」色彩。但是如果一直用論辯的口氣進行演說，就會給聽眾一種居高臨下、傲視他人的感覺。如果能適當地採用敘述或抒情的方式，口氣就會變得和緩、親熱和平易起來。用親切的敘事和熱烈的抒情來代替抽象、空洞的議論，或在議論中插入生動的故事，已經成為現代競選演說的走向。

另外，要實現競選演說語言的口語化，在運用修飾手法時也應注意與口語表達的特點相適應。比如運用比喻，最好是因境設喻，淺顯而又直接；引用古典詩文，最好是翻譯成現代白話；使用借代手法，最好有通俗明瞭的解釋等等。

總之，只要我們在運用詞語、句式、口氣及修飾手法的時候注意了與口語表達相適應的要求，注意了說話要順口入耳、通俗易懂、樸素自然，我們的競選演說語言就能成為融藝術和表達技巧於其中的真正口語化的語言，就會得到聽眾的認同與擁護。

讓語言更加活潑

沒有一個優秀的競選演說是死板的或平鋪直敘的，只有活潑生動的語言才能打動人。競選演說要達到語言活潑的效果，可以從以下幾點著手。

1・適當幽默一點

幽默是有趣可笑而又意味深長的語言或故事。如果只有前者，即只是有趣或可笑，而並無深刻的含義，則不是幽默，只能稱作滑稽。我們要防止把幽默與庸俗滑稽的插科打諢混為一談。幽默作為一種最生動的表現手法，大量用於演說中，正如中國著名的相聲大師侯寶林在題為〈演說與幽默〉的文章中所說：「幽默，也是口才的一個組成部分。如果沒有幽默感，

即使口若懸河、析理入微、富有鼓動性，口才也是不全面的。」

幽默在演說中有相當重要的作用，它所產生的諧趣對聽眾具有巨大的吸引力和感染力。如魯迅的〈魏晉風度及文章與藥及酒之關係〉是一篇學術演說，這篇演說的內容應該說是比較高深的，一般很難提高普通聽眾的興趣。可是魯迅在演說中，除了有自己獨到的見解外，還充分發揮幽默的作用，因而使聽眾感到趣味無窮。當魯迅講到曹操為什麼以「不孝」的罪名殺孔融時，他風趣地說：「倘若曹操在世，我們可以問他，當初求才時不忠不孝也不要緊，為何又以不孝之名殺人呢？然而事實上縱使曹操再生，也沒人敢問他，我們倘若敢問他，恐怕他把我們也殺了！」我們可以想像，當時的聽眾聽到這句話時一定會捧腹大笑。又如當講到何晏的臉長得很白時，有人說他是因為搽了粉，魯迅這時卻風趣地說：「但究竟何晏搽不搽粉呢？我也不知道。」魯迅這些幽默生動的話語雖短，但對於調節會場氣氛、增強演說的感染力，則發揮了重要的作用。

我們在進行競選演說時，也有必要學習魯迅的幽默風趣。

2·恰當運用抒情

抒情是指演說者在演說中恰當地抒發自己感情，這種方式可以引起聽眾的共鳴。

古人說過：「感人心者，莫先乎情。」對情感的作用做了充分的肯定。抒情的作用就是情感在競選演說中的作用。演說者善於巧妙地運用情感技巧，主要是對聽眾曉之以理，動之以情，因而增強演說的感染力，激勵聽眾投自己的票。作為演說語言手法之一的抒情，一般可分為直接抒情和間接抒情兩種。

直接抒情是強烈的、集中的、鮮明的，沒有隱諱，直抒胸臆，風格明快。如英國首相邱吉爾競選首相後發表的一次演說：「你們問：我們的目標是什麼？我可以用一個詞回答：勝利——不惜一切代價去贏得勝利。無論多麼可怕，也要贏得勝利。無論道路多麼遙遠和艱難，也要贏得勝利。因為

沒有勝利，就不能生存。大家必須認知到這一點：沒有勝利就沒有大英帝國的存在，就沒有大英帝國所代表的一切，就沒有促使人類朝著自立目標奮勇前進的強烈欲望和動力。但是，當我們挑起這個擔子的時候，我是心情愉快、滿懷希望的。我深信，人們不會聽任我們的事業遭受失敗。此時此刻，我覺得我有權利要求大家的支持，我要說：'來吧，讓我們同心協力，一道前進。'」

邱吉爾這次演說充滿激情，十分成功。他將聽眾的情緒推向高潮，使他們樹立起堅定的信念。

與直接抒情法不同，間接抒情則是將情感融於描寫、記敘、議論之中，讓聽眾自己慢慢地咀嚼演說者的情感。

3・排比增強氣勢和力度

排比就是把一組內容相同、結構相近的詞、片語或句子連在一起，以加強語勢。如張敏在競選優秀教師中有這樣一段話：「世界上有誰能離得開教師？即使是奇才，也不可能生下來的第一聲啼哭，就是一首優美的史詩；即使是偉人，也離不開教師最初的啟蒙和引導；即使是領袖，也同樣至死不忘教師的恩情和教誨。」這裡用了三個排比句，說明教師的職業崇高而重要。

4・運用對比

對比即透過兩種事物的對照比較，突出事物的特徵，使聽眾不但對事物有鮮明的印象，而且有助於聽眾對事物本質的認識。

5・對偶也可以用

對偶句在競選演說詞中出現得並不太多，但它嚴謹、對稱的結構以及語音抑揚頓挫的美感，可以使演說內容產生一種引人注意、發人思考的力量。

競選演說詞中，如用對偶句或對偶式的標題，或對偶式的段落表達富有哲理的內容，可增強語言的力量，對偶的形式可以有效地顯示內容的辯證法則與邏輯力量。

6·設問法

設問是無疑而問，一般來說，是由演說者自問而自答。設問是一種啟發性的語言藝術。具體例子見前文中小張競選供銷科長的開場白。

7·反問法

反問也是無疑而問，是用疑問句的形式表達確定的內容。反問又叫反詰、詰問或激問。在競選演說詞中，反問所表示的肯定顯得更富有感情，更富有力量。如在一次競選廠長的演說中，一個青年工人在介紹自己時這樣說：「我一沒沒大學的文憑，二沒有豐富的資歷，我只是一個 25 歲的毛頭小子，你們有百分之百的理由懷疑我能否擔得起廠長的重任。然而，同志們，朋友們，請你們仔細地想一想，我們廠長期處於癱瘓的狀態，難道就是因為歷屆廠長沒有文憑和沒有資歷嗎？」（掌聲）

接下來他又講了聽眾心中有而口中無的改革措施，最後他獲得大多數選票獲勝。

8·反復更能增加語言效果

反復是為了增強語言表達的效果，同一個意思，卻有意地一而再、再而三地出現，這就叫做反復。

反復是根據表達需要所採用的一種積極的修辭方法，它與重複囉唆有著本質的區別，而重複囉唆是一種令人生厭的語病。

反復迴蕩的句式能夠渲染感情，突出要點，顯示力量。如某人在競選廠長時說：「我要對裁員增效說不行！我要對減薪降低成本說不行！我要對所有被動的消極改革說不行！

相信我，我會全心全意地為所有的員工利益著想；相信我，我會重新令工廠煥發出新的生機！」

9．層遞的運用

層遞，是指在語言表達中根據不同內容的不同組合層次，有順序地一層一層表達出來，或由少到多，或由輕到重，或由小到大，或由遠到近。層遞也是演說中常用的語言方法。它的效果是層層推進，言之有序，步步相連，言之有勢。

如：請相信，我會努力運用在 MBA 所學的知識，用 15 年的外商管理經驗，用現代科學知識武裝自己，並且做到團結全體員工，艱苦奮鬥，知人善任，從善如流，一定能夠把主管工作做得有聲有色，一定能夠在企業二次創業的征途上，做出無愧於一次創業的光榮業績。

總之，為了使演說取得理想的效果，演說者必須善於動用幽默、抒情、排比、對比、對偶、設問、反問、反復、層遞等各種語言修飾方法，設計精巧的演說詞，以達到最佳演說效果。

掌控好演說時的情緒

有些能力不錯、口才也好的人，一上了競選的演說台就開始緊張，結果是自己不甘心而又不得不承認失敗。能否控制演說過程中出現的緊張情緒，是競選演說成功與否的關鍵。一位演說家提出了 6 種調節演說緊張情緒的方法，供參加競選演說的人參考。

1．呼吸鬆弛法

在演說前，運用深呼吸來鬆弛肌肉及神經系統，這種方法既簡便又實用。

2・語言暗示法

回顧自己在過去演說中的成功經驗，暗示自己在這次演說中將會有出色的表現。

3・集中注意力法

有意識地把注意力集中在某一具體的物品上，因而分散大腦臨場的緊張感。

4・排除刺激法

盡量避開可能引起自己情緒變化的人和事，排除外界的不良影響。

5・迴避目光法

聽眾的某些動作和反應會使演說者緊張，此時演說者應及時移開目光，採取流動式的虛視方法，避免目光對視。

6・心境調節法

演說前的一段音樂、一本幽默畫冊、一個小玩笑，往往有助於沖淡演說者的緊張情緒。

打造自己的演說風格

演說風格因人而異，豐富多彩，有如五彩繽紛、爭芳鬥豔的百花，讓人眼花撩亂，正是各式不同的演說風格使聽眾感受到演說世界的精彩和非同凡響。塑造出自己的演說風格，無異於獲得了一件可以衝鋒陷陣的武器，可以幫助演說者征服聽眾。而各種演說風格可以產生什麼樣的效果？具有什麼樣的特點？運用時應該注意哪些方面？則是每個競選演說者都應

熟悉和掌握的。

　　談話型演說風格常常表現為音色自然淳樸，語氣親切委婉，表情輕鬆隨和，動作近乎於平常習慣，毫無矯揉造作之感。演說者就像與聽眾拉家常似的漫談。魯迅先生的演說就具有這種特色。他與聽眾娓娓而談，時而舉出一些生動的例子，時而用比喻說明事理，把深奧的道理講得很通俗，將抽象的哲理講得很具象，使聽眾在受到教育和啟發的同時，享受到語言和藝術的美感。

　　絢麗型演說風格講究濃墨重彩，富麗堂皇，既注重內容的厚重，又強調形式的多樣化，講究口語表達的輕重緩急和抑揚頓挫，富有節奏感和音樂美，使演說者酣暢淋漓地傾吐出心聲。演說者常常採用一些富有色彩的詞語和多變的句式，很注重表情、神態和手勢；在演說過程中喜歡旁徵博引，談古論今，引用大量的名言警句、軼聞逸事、典型史實以及某些新鮮有趣的資料。這種類型的演說風格，頗受一些聽眾特別是年輕聽眾青睞。

　　嚴謹型演說風格表現為語言經過嚴密而又仔細的加工，邏輯性強，較多地運用口頭語言進行強調，比如用重音、反復等方法對某些重要的內容加以著重論述。一般來說，態勢語言用得不算太多，演說者的站立姿勢和位置都保持相對的穩定。在一些慎重的場合，如在黨代會、做政治性的演說或做一些重要的學術報告，常常可以見到這種嚴謹型演說風格。

　　柔和型演說風格與談話型演說風格接近，不同之處在於要求演說者要有圓潤甜美的嗓音，清晰準確的談吐，並輔以親切的微笑，柔和的眼神，讓聽眾的心中蕩起幸福的漣漪。女性演說者由於具有先天的優勢而比較適合這種演說風格。

　　具有深沉型演說風格的演說者聲調低沉、凝重，節奏比較緩慢，很少使用手勢體態動作，較多採用眼色和面部表情。時而有懷戀之意，讓人「低頭思故鄉」；時而抑鬱沉悶，叫人心頭沉重。這種演說風格適用於悼念或紀念性的演說當中。

　　具有激昂型演說風格的演說者音域寬廣、音色響亮、精神飽滿、手勢

幅度較大，給人以奮發向上、朝氣蓬勃的振奮感覺。這種演說風格，令聽眾神情振奮，激發出聽眾抗擊日寇的堅定決心，其氣勢和力度銳不可當，成為這種演說風格的典範。

幽默型演說風格的特點是音調變化較大，帶有一定程度的戲劇趣味；語言生動形象，幽默詼諧，讓人忍俊不禁；手勢動作輕捷靈活，面部表情也富有喜劇色彩，往往能夠很好地活躍氣氛，增進演說者和聽眾之間的感情。除了個別嚴肅的場合之外，這種富有特色的演說風格通常可以應用到各種場合。

具有戰鬥型演說風格的演說者一般採用緊張急速的節奏、高亢激越的聲調，並借助銳利的目光、深重有力的手勢等來展示出一種戰鬥的姿態。

在具體運用戰鬥型演說風格的時候，演說者不僅要以理服人，而且還要以情感人，即演說者透過抒發自己的感情來激發聽眾的感情，因而使之產生共鳴。演說者抒發的感情必須真摯、實在，而不是虛情假意。孔子說：「情欲信，詞欲巧。」信，就是真實。莊子也說過：「不精不誠，不能感人。故強哭者雖悲不哀，強怒者雖威不嚴。」

演說風格並不是想怎樣就能怎樣的，也不是背誦一兩條定律或要訣就能獲得的，而是需要長期的自我揣摩，自我訓練，向他人學習並親身實踐才能形成。如美國第 16 任總統林肯以演說風格樸實無華、邏輯性嚴謹而載入演說史冊，但他的演說風格不是天生的，而是經過長期刻苦的自我訓練和反復的演說實踐才形成的；法國民族英雄戴高樂的演說風格華貴而又典雅，莊重而又流暢，這也是他苦心追求的結果，如果不經過長期刻苦的訓練，反復地實踐和體驗，他是不可能形成自己獨特的演說風格的。但不管是自我揣摩、自我訓練，還是向他人學習、不斷實踐，有一點必須牢記，那就是要想形成自己獨特的演說風格，必須切合自己實際，即演說的言談舉止必須符合自己的身分、性格等。

所謂身分，就是指演說者的年齡、輩分、社會地位和經濟地位以及在演說時與聽眾的關係和所處的位置等等。不管你是教師、大學生、工人、

農民，還是領導者，演說時都會與聽眾形成一種特定的臨時關係。這裡需要注意的是不管你是編寫演說詞還是即興發表演說，說話符合自己的身分，就容易形成獨特的個人風格。

　　每個人的性格是千差萬別的。如有的人穩重練達，有的人輕浮脆弱；有的人城府深重，有的人天真爛漫；有的人謙虛謹慎，有的人驕傲狂放；有的人虛偽狡詐，有的人真誠忠厚……就是同一種類型的人，之間也有著許許多多的細微差別。講話時努力使語言切合自己的性格，這也是形成個人演說風格的一個重要方法。假如你是一個內向的人，最好把穩重和深思熟慮的特點帶到你的演說中去，以看問題有深度來說服聽眾；如果你是一個外向的人，最好把直爽豪放和開誠布公的特點帶到你的演說中去，以洋溢的情感來感化聽眾；假如你憤世嫉俗，就多說一些慷慨激昂的話語。人的性格千差萬別，抓住自我，認識自我，發揮自己的長處，就能創造出自己的個人風格。

結尾別忘了「點睛」

　　人們常說「編筐編簍，難在收口」，「頭難起，尾難收」。尾之所以難收，就是因為它是走向成功的最後一步。當競選演說臨近結尾的時候，聽眾已經開始顯出疲倦和厭煩了，但聽眾的情緒如果已被精彩的演說所感染，那麼對結尾的要求也就相應地更高了。此時此刻，我們的演說只有更加精彩，比開頭和主體更加吸引人，才能激起聽眾的興趣，提起聽眾的精神，因而在聽眾熱烈的掌聲中落下帷幕。如果結尾沒有掀起新的高潮而是平平常常，沒有更新的內容而是平淡無奇，甚至遠不如開頭和主體，那麼這場競選演說可能功虧一簣。下面將介紹一些處理結尾的好辦法。

　　白居易在《新樂府序》中精闢地提出「卒彰顯其志」的觀點。演說者在演說中，為了闡述自己的觀點和主張，往往利用一切方法，從正面、側面和反面等各個方面進行分析和論證。到了結尾處，就應總結全篇，突出重

點，深化主題，揭示主旨，加深認識。這不僅能幫助健忘的聽眾回憶起所講的內容，而且還能畫龍點睛，給聽眾留下完整而又深刻的印象。

演說的結構是非常複雜的，方方面面縱橫交錯，向終點組織著、推進著，把全篇集中到一點上，恰到好處地一收。這樣，就能使演說顯得結構嚴謹，首尾呼應，通篇渾然一體。

充滿激情的演說者，總是試圖讓聽眾的情緒激動起伏，而講到結尾時，更注重以巨大的情感力量，把聽眾的情緒推到最高峰上，使他們振奮起來，緊緊圍繞在自己周圍。這才是具有鼓動性、戰鬥力的出色結尾。

有的演說者已經把應講的東西講完了，可是又囉囉唆唆地講了一些與主題無關或關係不大的話。這等於是節外生枝，是最令聽眾反感的。這樣做不但擾亂了聽眾的思路，破壞了聽眾的情緒，而且還容易沖淡前面所講的內容。演說者必須下狠心，把那些與主題無關的話從結尾中清除出去，當斷則斷，當止則止，絕不要畫蛇添足。

結尾不可以說與主題無關的話，就是有關的話也要以簡潔明快為宜，這樣才會使演說更加有力、更富色彩。漫無邊際、牛頭不對馬嘴的話更是絕對禁止的。有一句格言說得好：「沒有結束的結尾平乏無力，可是沒完沒了的結尾則是令人恐懼的。」演說者要善於用最精確、最概括而又最富哲理的語言結束演說，這才是最有力度的。

有些演說者演說完畢後，總要說上幾句表示謙虛或道歉的話，如什麼「耽誤了大家這麼長時間，真過意不去」之類的廢話。聽眾會自然而然地想：既然過意不去，為什麼不長話短說，虛偽！

成功的競選演說七要點

成功的競選演說，有以下 7 大要點。

1．要有人情味

　　應當說，自己的事例是最容易生動、具體地表述出來的，也是最富有人情味的，但是一些人受到常識性禁忌的約束，不敢或不屑談自己的事。我們應毫不猶豫地談論自己的經歷，聽眾是不會產生反感的。「不要談自己的事」的想法是不明智的。

　　除非你的話非常帶有挑戰性，並且過分以自我為中心，否則聽眾是不會對你個人的事缺乏興趣的。千萬不要忘記，使演說充滿人情味是容易引起聽眾共鳴的最可靠方法。

2．交代要清晰分明

　　事例的交代要明確、清楚，這是毫無疑義的，但究竟怎樣做呢？新聞報導的五要素原則在演說中也很適用：時間、地點、人物、事件、事件發生的原因。只要你將這些要素交代清楚，你的演說就會給聽眾以具體、真實的感覺。

3．利用對話使演說更生動

　　第一種敘述方法：剛才有一個人來辦公室找我，商談上週替他安裝電器一事，因為電器安裝效果顯然不佳，他很生氣。我告訴他，我們一定負責維修好，他的怒氣才稍稍緩和下來，因為他了解了我們公司會盡力幫助他。

　　第二種敘述方式：上週星期二，我的辦公室大門忽視被人一腳踢開，我吃驚地抬頭一看，原來是顧客李先生，他怒氣沖沖地向我走來。我還來不及請他坐下來喝茶，他就咆哮如雷地吼道：「李 ×，我警告你，這是最後通牒，請你趕快派車拉回那台洗衣機。」我問他，到底是怎麼回事？「太不像話，你們的破機器，」他又開始大聲吼叫，「衣服一放進去就被絞在一起，我的太太也總覺得倒楣，直嘮叨我不會買東西。」他憤慨地敲著桌子，水杯被震落到地上。

　　如此敘述顧客的神態、心理，栩栩如生。而第一種敘述方式相形之下

顯得非常抽象，關鍵就在於是否有人名，細節的描述是否具體，有沒有採用對話的手法。

雖然演說不一定都要插入對話，但在敘述具有某些情節和衝突的事例時，直接引用對話會產生生動的效果。如果演說者有模仿的能力，改變一下腔調會更有情感。使用對話來增加親切感和真實性時，聽眾彷彿是和演說者同在一桌上用餐一樣，不會感到枯燥乏味。

4·用手勢、動作、表情把演說視覺化

心理學家研究證實，我們所得到的知識有 80% 以上是透過視覺感官接收的，例如宣傳效果極佳的大眾傳播。演說既屬於聽覺技術，也屬於視覺技術。

在一次競選演說裡，一位成功運用視覺形象的演說者毫不留情地批評有關售後服務的錯誤，把投訴者的動作模仿得惟妙惟肖。相比之下，連影視演員也會黯然失色。他的演說潑辣尖刻、生動形象，使人畢生難忘。這也正如一句諺語：「百聞不如一見」。

5·使用形象的語言

實際上，凡能引起聽眾聽講欲望的演說者，都善於在形象化的修辭上花工夫，而不是塑造模模糊糊、令人無聊的形象。

古代的諺語很富有形象色彩，如「兩鳥在林，不如一鳥在手」、「傾盆大雨」等。再如一些生動形象的比喻，「像狐狸般狡猾」，「像圖釘一樣無聲地釘下」，「像煎餅一樣扁平」，「像岩石一樣堅硬」等。

6·抓住聽眾關心的事情

身為競選演說者，抓住與聽眾息息相關的話題，聽眾才能對你有熱切的期望。如果心中沒有聽眾，僅以自我為中心，聽眾就會感到事不關己，而產生看錶、張望等不耐煩的動作和表情。

7‧正確誠懇的評價

聽眾是由一群個體組成的，他們會從各自的立場出發對演說產生反應，如果你不尊重他們，聽眾就會憤怒。所以，如果聽眾有值得稱讚的表現，就應不失時機地予以肯定，這樣一來，就等於拿到了自由出入聽眾心理的通行證了。當然，讚揚有讚揚的技巧，否則弄巧成拙、過分奉承亦會使人產生逆反心理。

失敗的競選演說五迷思

競選演說時，常見的 5 個迷思如下，我們可以參考對照，有則改之，無則嘉勉。

1‧信口開河，雜亂無章

競選演說具有較強的針對性和明效性，競選者必須事先對要爭取的職位做大量的調查研究，全面了解職位特徵和勝任這一職位所應具備的素養，而後在所述的內容上做文章。有些競選者對自己要競爭的職位沒有一個完整清晰的認識，對一些雞毛蒜皮的小事翻來覆去地解釋，對所競選的工作抓不住重點，發表競選演說時自己說不明白，聽眾也搞不清楚。

2‧吐詞不清，含混模糊

競選演說一般要求演說者在有限的時間內，言簡意賅地把自己的基本情況、工作特點和工作設想向聽眾娓娓道來。但是有的競選者卻不善於掌控演說的輕重緩急，甚至連珠炮似的將整個演說一氣呵成，但因吐詞不清，或語速過快，使聽眾不知所云。

3・狂妄自大，目空一切

有的競選演說者過高地估計了自己的能力，在談工作優勢時好提「當年勇」，自認為條件優越，某職位「非我莫屬」，做好工作不過是「小菜一碟」；在談工作設想時脫離實際，來一些「海市蜃樓」般的高談闊論。這種做法極易引起聽眾的反感。

4・妄自菲薄，過分謙虛

競選演說要求競選者客觀公正地評價自己的競爭優勢，大膽發表行之有效的「施政綱領」。但有的競選演說者卻唯恐因自己的「標榜」而引起評委和民眾的不悅，把對自我的認知和評估降到「水平線」以下。這種過分謙虛的表白，不僅不能反映出自己的真實能力、水準和氣魄，也不利於聽眾做出正確的評價。

5・服飾華麗，求新求異

登臺演說時，服飾是人思想品德、內在修養的外在表現和自然流露。競選演說是一項正視、嚴肅的主題活動，評委往往會以所競爭職位的需要和自己的審美觀來評價演說者，因此演說者的穿著應以莊重、樸素和大方為宜。有的競選者認為穿得與眾不同就會以新奇取勝，於是或服飾華麗，或不修邊幅，豈不知這樣做的結果不僅聽眾不買帳，也不會給評委留下好印象，因而使演說的效果大打折扣。

競選演說為人才提供了一個充分展示自我、表現自我的舞臺。願競選者能夠克服演說中的不良傾向，客觀、公正地做好自我評價，合理、切合實際地闡明施政方案，向大眾推銷一個真實、客觀的自我，透過競爭找到適合自己展示才華的舞臺。

工作不會主動上門，求職需要高調一點

社會是超市，企業是顧客，想要成為百裡挑一的那個他，你必須先學會推銷自己

編　　著：戴譯凡，林凌

發 行 人：黃振庭

出 版 者：財經錢線文化事業有限公司

發 行 者：財經錢線文化事業有限公司

E-mail：sonbookservice@gmail.com

粉 絲 頁：https://www.facebook.com/
　　　　　sonbookss/

網　　址：https://sonbook.net/

地　　址：台北市中正區重慶南路一段六十一號八
　　　　　樓 815 室

Rm. 815, 8F., No.61, Sec. 1, Chongqing S. Rd., Zhongzheng Dist., Taipei City 100, Taiwan

電　　話：(02)2370-3310

傳　　真：(02) 2388-1990

印　　刷：京峯彩色印刷有限公司（京峰數位）

律師顧問：廣華律師事務所　張珮琦律師

定　　價：350 元

發行日期：2022 年 10 月第一版

◎本書以 POD 印製

國家圖書館出版品預行編目資料

工作不會主動上門，求職需要高調一點：社會是超市，企業是顧客，想要成為百裡挑一的那個他，你必須先學會推銷自己 / 戴譯凡，林凌編著 . -- 第一版 . -- 臺北市：財經錢線文化事業有限公司 , 2022.10
冊；　公分
POD 版
ISBN 978-957-680-517-2(平裝)
1.CST: 就業 2.CST: 面試 3.CST: 成功法
542.77　111014082

官網

臉書